硯海心田

甲辰秋日於申城子舍澂

FIELDS OF THE INKSTONE SEA

一生研齋藏硯

谷慶春　主編

西泠印社出版社

一生研齋
顧氏手琢硯

序 一

中華民族有史以降，書契文字并墨、硯光耀於世。硯之用，向爲文房所重，秦漢多有實物出土。後世沿襲，爲文人雅士所寶，形制翻新，題銘雕鎸，蔚成大觀。

谷慶春先生醉心藝術，雅好收藏，涉獵廣泛，眼力獨具。尤於木器、古硯、雜件之品鑒，深具功力。此次精擇所藏古硯百餘舉展以饗大衆，賡續傳統、弘揚文化之功，宜乎嘉勖也。

甲辰中秋　照誠

序 二

余平生與硯相伴，尤喜古硯。硯者，不啻爲文房之具，實爲天地造化之靈物，通達文人性情，融匯千載風雅。每一古硯入手，心中或生微動，非因其年代久遠，亦非因材質稀貴，而在其形神精妙，超越世俗流轉，映射出不朽之美。此美，猶如夜月之光，不争而自見，滌蕩塵囂，純净通透，得審美之極致。

余少時便好藝事，尤醉心於古物，工藝爲經，雕刻爲緯，行走於文玩世界數十載，所涉皆通。然凡所觸雅物，必精研其理，得其妙趣。後游走拍場，心中揣度市情，近察遠思，得物理古今之變。觀市與鑒物相輔，雖事事有异，然其道一焉。於硯、銅、佛、供石、匾額等，余尤精通，辨形觀色，細微處品評其工藝，厚重處體味其文脉，凡經手之物，或得世人稱道，或有知己共賞，心中所感皆不在言表。

觀硯於我，非同俗眼。世之藏硯者，多執於貴賤、稀有，以奇石銘文爲至寶，然余所見，貴在形神之美。美者，通乎天地，不爲時限，不拘材質。或石色沉静，或刀工細密，或綫條飄逸，或銘文寄情，皆爲美之呈現。每一方硯，無論有銘與否，石品何等，雕琢繁簡，皆可通其韵，意蕴綿長，若能以心觀之，自得其神。

今展所藏，横跨漢晋，歷唐宋明清，雖形態各异，然其共通者皆爲美。此美，或顯或隱，或沉或揚，觀者心中自明。若以貴賤而論，恐失其真趣，唯以美入心者，方能體其妙處。此書所録之硯，皆爲余親手甄擇，觀其形制，審其雕工，品其銘意，處處用心，推敲不失。若銘，必有文意；若不銘，亦有工藝之魂。觀者若得静心揣摩，必可窺硯中之美，習其觀硯之法。硯者，不僅爲書寫所用，實爲文人心境所寄，若能通其形，則可知其心。

常自嘆，人生有涯，藝術無極，硯存於世，歷經風霜而不朽，正因其蕴美深厚，已超越時光，與天地共生。願此書與諸君共賞，亦盼讀者觀硯而感其美，悟其神，超越物之形質，得其神髓，乃爲雅事。或於字裏行間覓得美之真義，通達其神髓。余所願者，非止爲物，而爲心與美之共鳴。

一生研齋　谷慶春

目　録

漢　長方形板片石硯

十四點二厘米 × 三點八厘米 × 零點九厘米

漢　楚石嵌銅龜形硯

自新石器時代始，龜即有吉祥之意，自古便被視爲力、智、毅、壽之象徵。上殼指天，下殼代地，天圓地方，合爲宇宙。此外，其形亦適作研墨之器。

十一點五厘米 × 十一厘米 × 五厘米

東漢　灰陶三足形象硯

十八點八厘米 × 十六厘米 × 八點五厘米

晋　三足圓陶硯

十七點七厘米 × 十七點七厘米 × 三點五厘米

唐　風字箕形陶硯

十二點五厘米 × 九厘米 × 四點四厘米

唐一宋　崞硯齋蓮花紋琉璃瓦當硯

三十四厘米 × 二十厘米 × 五點五厘米

唐　蓮瓣形陶硯

原配紅木承座

十五厘米 × 九點六厘米 × 三點七厘米

唐　箕形直眉銀暈歙硯

十六點七厘米 × 十二點三厘米 × 二點七厘米

唐　吉羊箕形歙硯

硯銘："吉羊。"古漢語中"羊"與"祥"通，因此羊常作爲吉祥的象徵。在唐代，吉祥圖案廣泛運用於各種器物裝飾中，既增加了美感，又寄托了人們對美好生活的嚮往。

八點五厘米 × 七點二厘米 × 二點八厘米

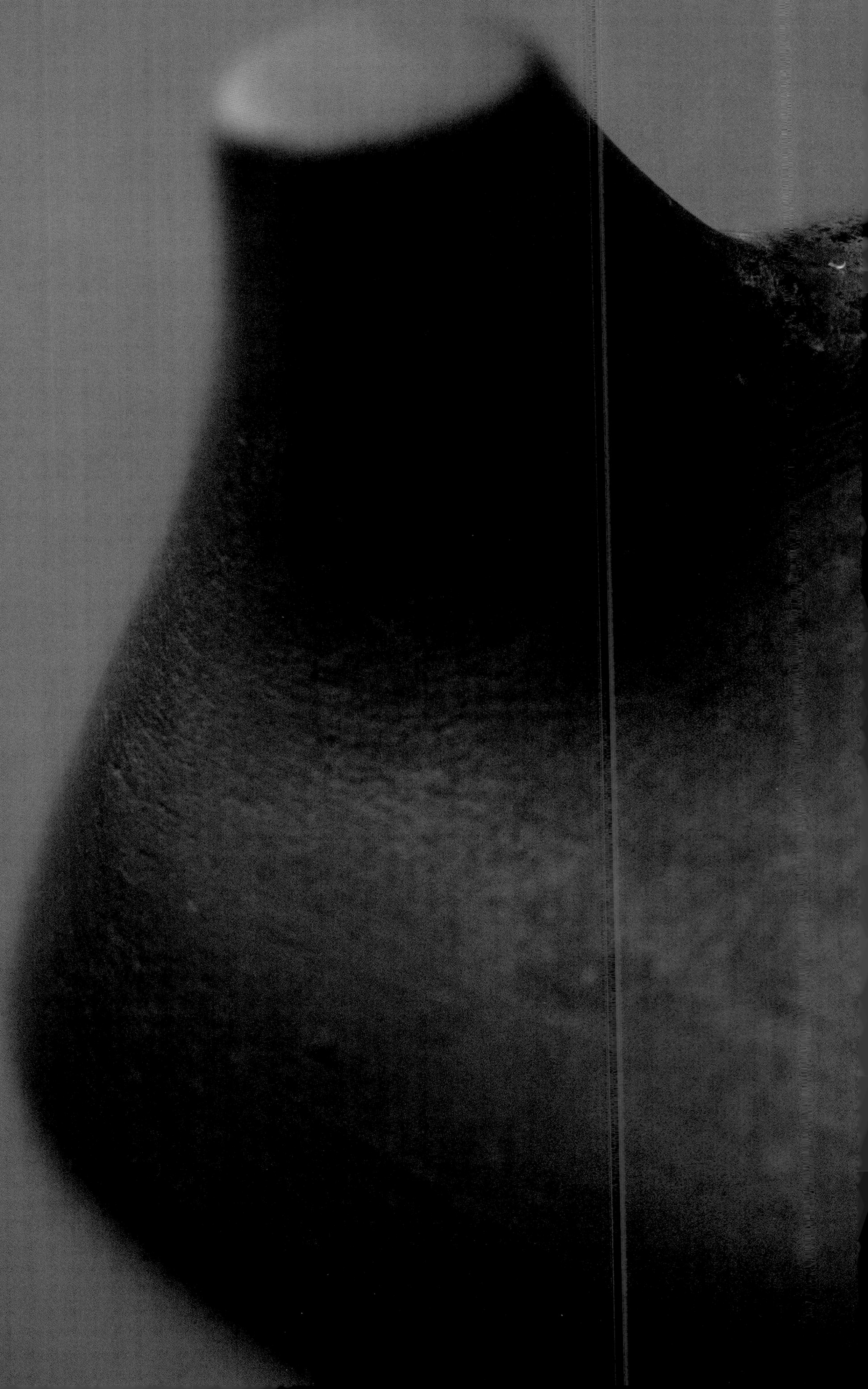

唐　箕形雲母飄砂陶硯

十五點五厘米 × 十一點四厘米 × 三點四厘米

宋　馬蹄形厢式歙硯

此硯式源自唐代詩人孟郊的“春風得意馬蹄疾，一日看盡長安花”詩句，寓意科舉中第，深得歷代文人墨客喜愛。

十厘米 × 十厘米 × 三厘米

宋　抄手直眉歙硯

十一厘米 × 六點八厘米 × 三點二厘米

宋　長方形抄手歙硯

十九點一厘米 × 六點九厘米 × 四厘米

宋　履樣紅絲硯

二十點八厘米 × 十三點六厘米 × 四厘米

宋　長方形厢式兩用蝦頭紅澄泥硯

十三點九厘米 × 七點五厘米 × 三點一厘米

宋　歙石雙足履形池硯

硯式爲典型的北宋雙足履硯履式硯形，典出達摩祖師"隻履西歸"。

十六點四厘米 × 九點四厘米 × 二點七厘米

宋　歙石眉紋太史硯

硯爲歙石所製，作太史式抄手。硯綫條挺拔，有張力，呈門字形。尺寸偏高，眉紋滿布。宋硯精品，實爲罕見。

二十一厘米 × 十二點二厘米 × 九點五厘米

宋　澄泥虎符硯

此硯爲宋代澄泥硯之珍品，形制取法古代虎符，精工雕琢。以澄泥爲材，硯體小巧，呈伏虎之姿，雙目高突，耳尖貼伏，略具貓態，動静合宜。硯形雖簡，却寓古意，映現文人追求自然、内斂之美。硯邊棱綫微起，蓋與硯身扣合嚴密，子母口設計，匠心獨具，妙不可言。

硯堂内刻有《太極乾坤圖》，隱含陰陽之理，形神兼備。硯體表面光滑如銅，觀之如見古器，觸之如撫流水。此硯之美，非止實用，更藴深厚文化意象，表現出文士對天地自然的深刻理解。

硯底有墨書題款："黄窑澄泥虎硯。戰國時春申君黄歇開窑造澄泥於江南之通州寶石山，以之製硯，堅重細潤，針頭銀星密布，滿面水中，日光射之，閃爍耀目，落墨速而且細，真寶物也。遍體積翠，斑片纍纍而光潤純熟，出土當亦遠在數百年前無疑，幾經劫火，完好無恙，喜而志之。"鈐印："曾非歟印"（白）"曾非歟家珍藏"（朱）。銘文中對於澄泥硯的描述極富詩意，表達了收藏者對這一硯臺的贊美與珍愛。

藏家簡介：

曾非歟（一九〇一—一九八九），中國著名文物收藏家和書畫鑒賞家。早年從事寺廟修繕工作，精於書畫與文物的鑒賞與研究。晚年在江西省博物館工作，專注於文物研究。其收藏的文房珍品多爲難得的佳作，尤其是此澄泥虎符硯，見證了他對文物的鍾愛與鑒賞眼光。

原配文字錦盒

十四厘米 × 九厘米 × 三點九厘米

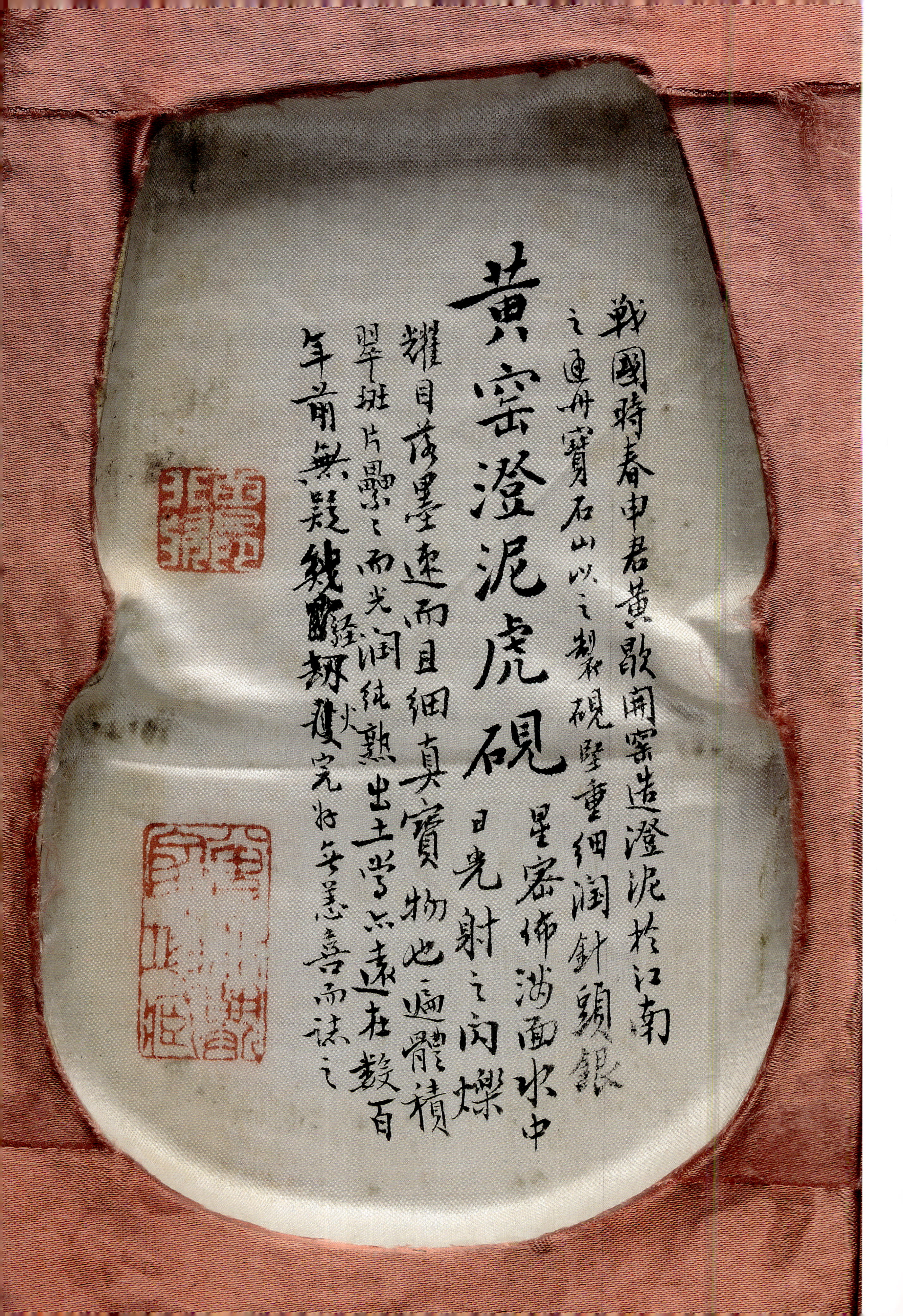
黃窯澄泥虎硯
戰國時春申君黃歇開窯造澄泥於江南
之通州寶石山以之製硯堅重細潤針頭銀
星密佈滿面水中
日光射之閃爍
耀目發墨速而且細真寶物也遍體積
翠斑片點點而光潤純熟出土當亦遠在數百
年前無疑錢鏡經鄉獲火完好無恙喜而誌之

伏虎研

伏虎硯尚者衆矣曩見清乾隆仿澄泥虎伏硯薄厚精美有銘曰呂老所造兹不可得金閶小鍛出伏虎式球琳矣質美緑色置之舊側幾難別白今之拓硯尚工可把翫矣 晏方書龍華古寺

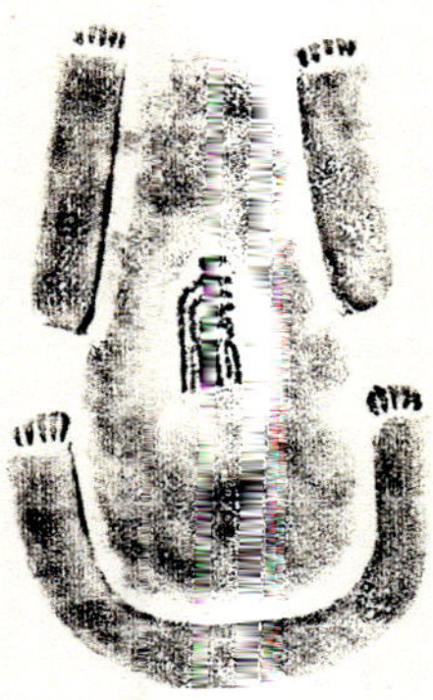

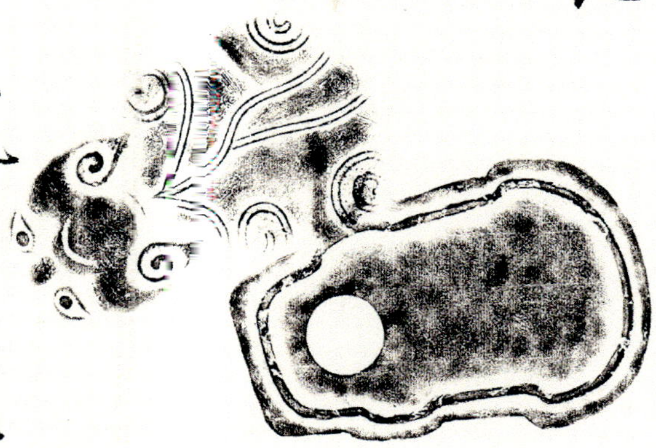

宋—元　三足環渠棗心對眉歙硯

此硯作辟雍之形，形制樸質，周正圓潤，三足承托硯池，乃唐宋製硯之典範。硯質爲棗心眉紋歙石，底色輕盈，數對棗心眉縱列其上，光彩流轉，清雅脱俗。此類棗心眉紋石，乃眉紋中稀罕之材，尤爲珍貴。硯之規制碩大，造型端正，保存亦極爲完好，實爲難得之古硯佳品。

背部鎸隸書銘文："坤之腹，震之足，象鼎之員而卦之復。兩弦合兮萬象伏，隱金紋兮垂霧縠……"字體工整、古樸，更增添了此硯的文化氣息，是難得之文房佳器。

二十點五厘米 × 二十點五厘米 × 五點五厘米

宋　歙州魚籽紋武陵桃源硯

硯以上好歙石製成，周身密布魚籽紋，并灑有金星點。石質堅實，叩之有金屬聲。硯隨形而琢，取裴迪《送崔九》“歸山深淺去，須盡丘壑美。莫學武陵人，暫游桃源裏”詩意。整器可謂妙然天開，山岩凹凸嶙峋，氣勢磅礴，於寸天厘地間，萬象具焉，令人纏綿其間。硯池入墨，作爲山水移景的自然投射，如漁人駕扁舟漸入桃花源，隱於遠山近水之中，祥雲繚繞，漁樵耕讀栖會其間，幾臻化境，令人神往，應爲硯主人内心對桃花源的一種憧憬。精心的構圖，結合温潤細膩的石質，動静結合，恰如其分地表現出桃花源的氛围。

歙硯與端硯同屬於四大名硯，同起源於唐代早期。不同之處是，歙石在開采的歷史上時有間斷。據史料記載，明、清二代就很少有采掘，因而古硯中的歙硯傳世不多，精品更是極爲少見。該硯應屬上品之作。

著録：楠文夫《文房至寶：硯·墨·筆·石印》，河出書房新社（日本）。

原配紫檀木匣

三十點五厘米 × 十九厘米 × 五點五厘米

宋　越州窑瓷砚

十四點二厘米 × 十四點二厘米 × 五厘米

宋　米芾銘太史端硯

二十一點五厘米 × 十二點二厘米 × 五點五厘米

宋　米芾《研山銘》局部　北京故宫博物院藏

宋　老坑抄手端硯

老坑所具的石品隱約可見：玫瑰紫青花，魚腦凍，蕉白，胭脂暈，天青等。此老坑火眼抄手端硯手感細膩滋潤，滴水不散，手指按上去會留有指印，久而不乾。呈自然水滴狀，造型優美，又似一朵朵祥雲，寓意吉祥如意。

二十四厘米 × 十六點四厘米 × 四點五厘米

長方型高眼端研

晏方題

此硯長方規正琢磨之範砥礪之資有贊曰行方而正持重而平此君子之德亦壽世珍用之為座右箴矣 童晏方記

此硯多高眼佳者圓暈和重黃黑相間黳精美晶瑩可愛為之活眼

晏方又記於滬

宋　耕心居士銘抄手端硯

此硯爲宋代抄手端硯，端石取自老坑，質地溫潤，硯形簡潔素雅，尤顯古樸。抄手設計，便於挪移。硯堂平整，發墨細膩，實爲書房珍品。銘文爲耕心居士親題，字句之間流露文人自謙之情，頗有深意。

銘文曰："愛爾質之溫如，愧不能用以著書，然於物或有所濟，差勝乎箋注蟲魚。"此言簡練深刻，其間流露出文人面對書寫之器的喜愛與敬畏，也帶着幾分對自身未竟抱負的慨嘆。

銘者簡介：

王耕心，生卒年不詳，清代河北正定人。嘗校定魏承貫匯集之《摩訶阿彌陀經》。少承家學，儒、佛皆通，長於文字，於佛法"沉潛研索，幾三十年"，精於修持。於光緒年間作《摩訶阿彌陀經衷論》。其人性情淡泊，銘文與硯的簡潔設計相得益彰，傳達出文人對內在修爲、文化價值的崇尚。這方硯不僅是書寫工具，更是耕心居士心性修煉的見證，是思想與哲學的載體。

原配金絲楠木天地蓋

十六點二厘米 × 九點八厘米 × 四點一厘米

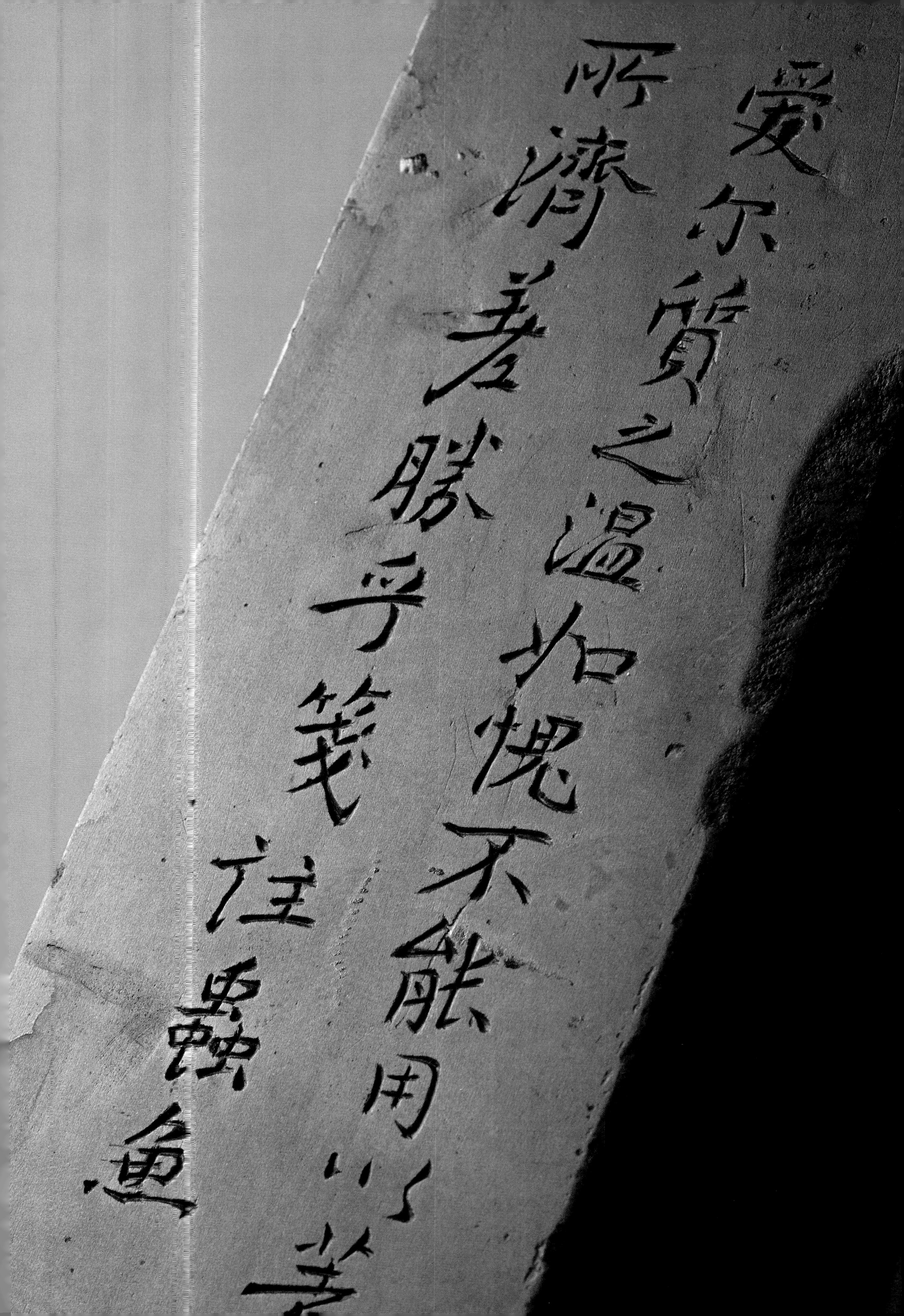
爱尔质之温如愧不能用以
所济差胜乎笺
汪

宋　蘇漢臣《嬰戲圖》天津博物院藏

宋—元　帶眼嬰戲嵌入厢式端硯

《嬰戲圖》是中國古代繪畫中常見的題材，描繪兒童嬉戲的場景，象徵着天真無邪和家庭幸福。特别是在宋代，《嬰戲圖》因其吉祥寓意受到文人雅士的喜愛。

左側《嬰戲圖》乃宋代蘇漢臣創作的絹本設色畫，現藏於天津博物館。該藏品描繪的是兩個兒童撲蝶嬉戲的場面。畫面構圖均衡，筆致工麗，又饒有情趣。款署“蘇漢臣”。

此方端硯與清春山款嬰戲人物盒瓜瓞綿綿紋端硯均采用了《嬰戲圖》的雕刻裝飾，展現了兒童嬉戲的場景，寓意“瓜瓞綿綿”，象徵着子孫繁榮，家庭幸福。這種雕刻不僅體現了硯臺的藝術價值，也傳遞了美好的祝福與願景。

八點一厘米 × 四點五厘米 × 二點九厘米

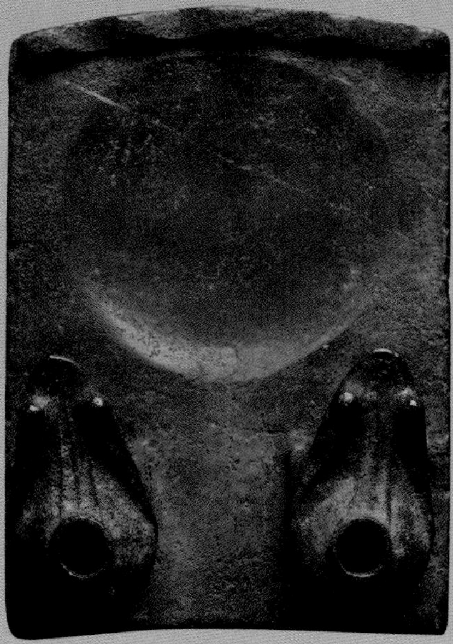

元　雙蛙山子石硯

　　蛙作爲中國傳統文化中的祥瑞之物，象徵着繁榮與生機，寓意美好。雙蛙的設計不僅增加了趣味性，還表現了自然與文房藝術的和諧共存。

十六厘米 × 十一點五厘米 × 七點一厘米

元—明　魚化龍眉紋歙硯

二十三厘米 × 十三厘米 × 五點二厘米

天下
太平

甲辰秋於申城
華林園子舍沁識

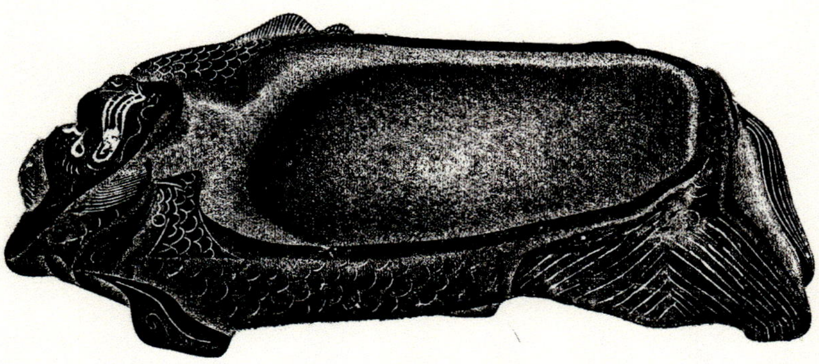

馬放南山日
硯田用心耕

甲辰八月
芾岷老署

明　蟬形眉紋歙硯

二十二點五厘米 × 十四點二厘米 × 四點八厘米

明—清　井田白端雙面硯

端硯産自端州（治今廣東肇慶），以其優質的發墨效果和耐用性著稱，白端石則屬於其中較爲稀有的材質。

原配紅木匣

十點五厘米 × 十點五厘米 × 二點八厘米

明　人物故事圖水岩端硯

原配紫檀木天地蓋加紅木箱

十九點四厘米 × 十二點三厘米 × 五點一厘米

明　蟹趣圖菊花石硯

配櫸木天地蓋

三十七厘米 × 二十七點五厘米 × 六點三厘米

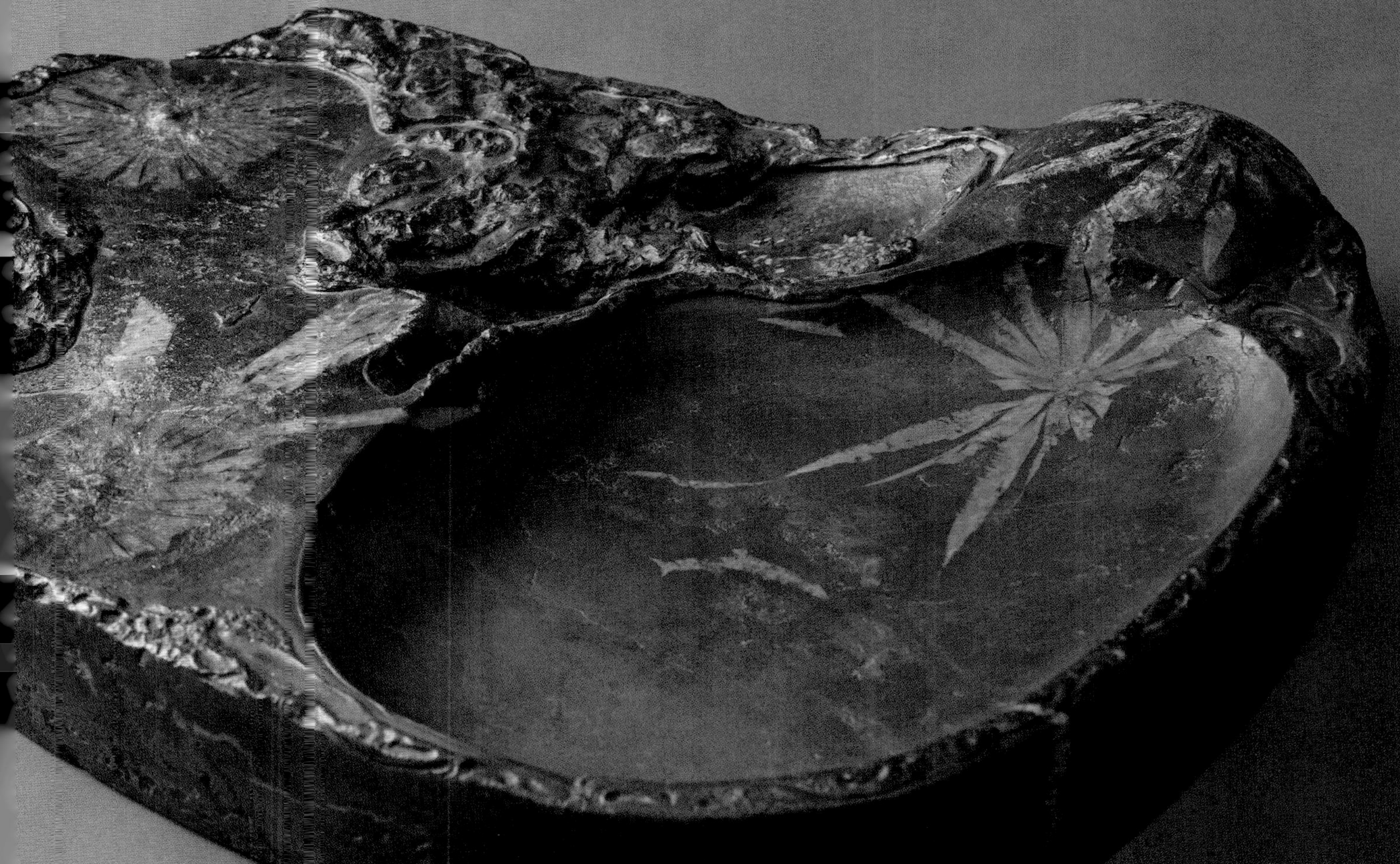

明　葉形紅絲硯

紅絲硯産自山東青州，然傳世者極少。此硯隨形雕作葉樣，簡潔大方，應爲蘇工所製。極具收藏價值。

原配楠木大漆葉形匣

十九點二厘米 × 十三點四厘米 × 二點五厘米

一花一世界一硯一心光

甲辰秋於申城子舍

金石永壽

石葉木葉是石木石

西泠印人 承斌題

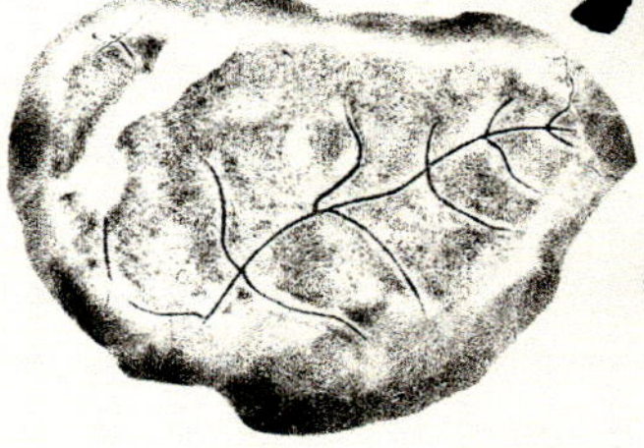

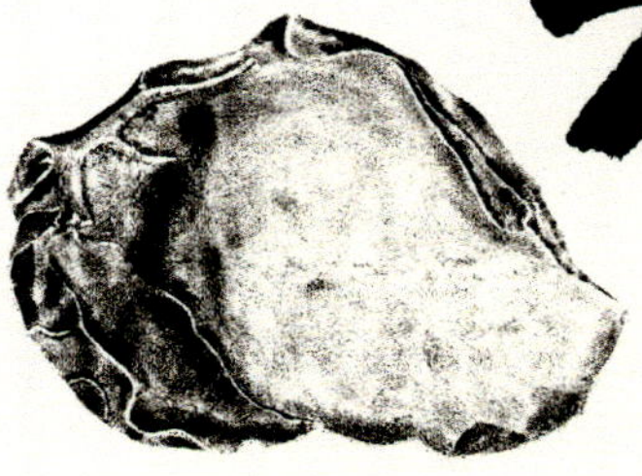

是硯一葉不文房清秋相伴君側

歲在甲辰月圓日近於散齋

明　環渠蝦頭紅澄泥硯

原配朱漆匣

十六點五厘米 × 十二點二厘米 × 二點三厘米

明　魚化龍雲紋端硯

十點五厘米 × 七點七厘米 × 二厘米

明　鐵萬字紋暖硯

十三點四厘米 × 八點二厘米 × 五點四厘米

明　鸜鵒眼雲紋端硯

硯銘:“日月合璧, 五星連珠。黄潛溪藏。”

大漆嵌古玉匣

十五厘米 × 十四點五厘米 × 四點二厘米

明　一甲傳臚臈村石硯

大漆盒

四十一點二厘米 × 二十六厘米 × 三點二厘米

明　王潤銘“石田”腰圓淌池端硯

三十一厘米 × 二十三點五厘米 × 四點二厘米

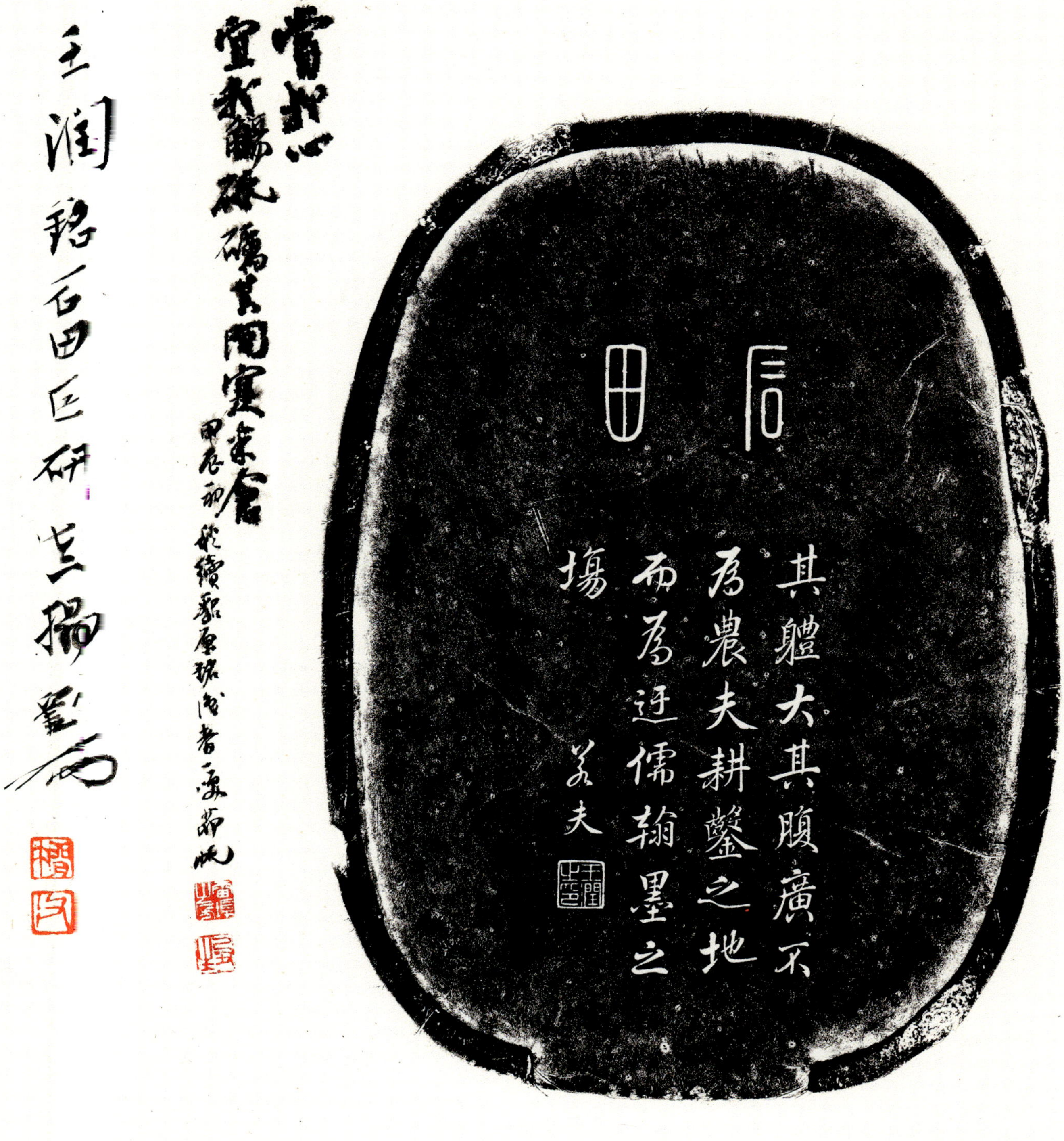
石田
其體大其腹廣不
為農夫耕鑿之地
而為迂儒翰墨之
場

明　秋葉螭龍紋端硯

硯以隨形端石籽料爲材，高浮雕秋葉雙螭紋，刀工凌厲流暢，綫條挺拔俊秀。雙螭四肢勁健，神采飛揚，威武有力，形神俱足。置於案上，氣韵恢弘，頓顯非凡之氣象。

原配紅木盒

二十三點六厘米 × 十六點二厘米 × 四厘米

明　洮河蘭亭硯

二十九點五厘米 × 二十三點三厘米 × 八點六厘米

明　董其昌銘抄手端硯

金絲楠木天地蓋

十八厘米 × 十一點一厘米 × 四點四厘米

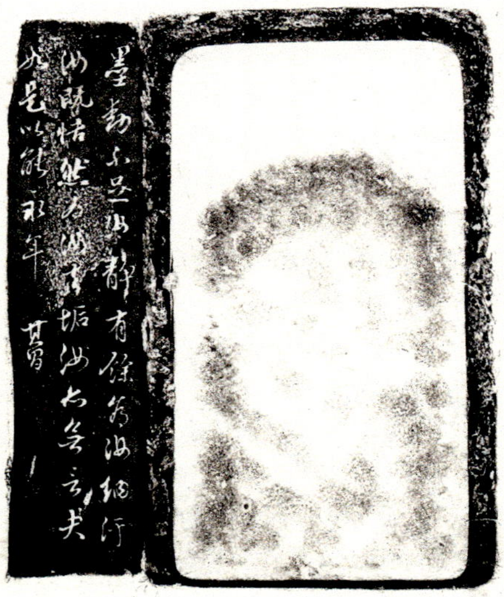

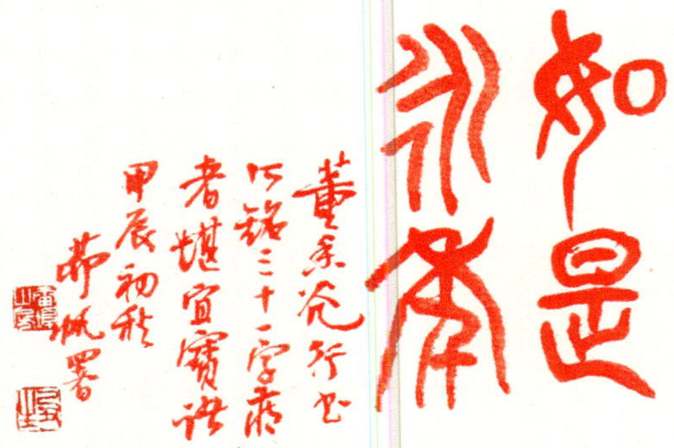

明　高眼板式端硯

楠木天地蓋

十九點七厘米 × 十二點四厘米 × 六點四厘米

明　端溪海天初月硯

大漆盒

二十五厘米 × 二十一點五厘米 × 三厘米

明　展華藏子石端硯

原配楠木天地蓋

二十一厘米 × 十四點八厘米 × 五點五厘米

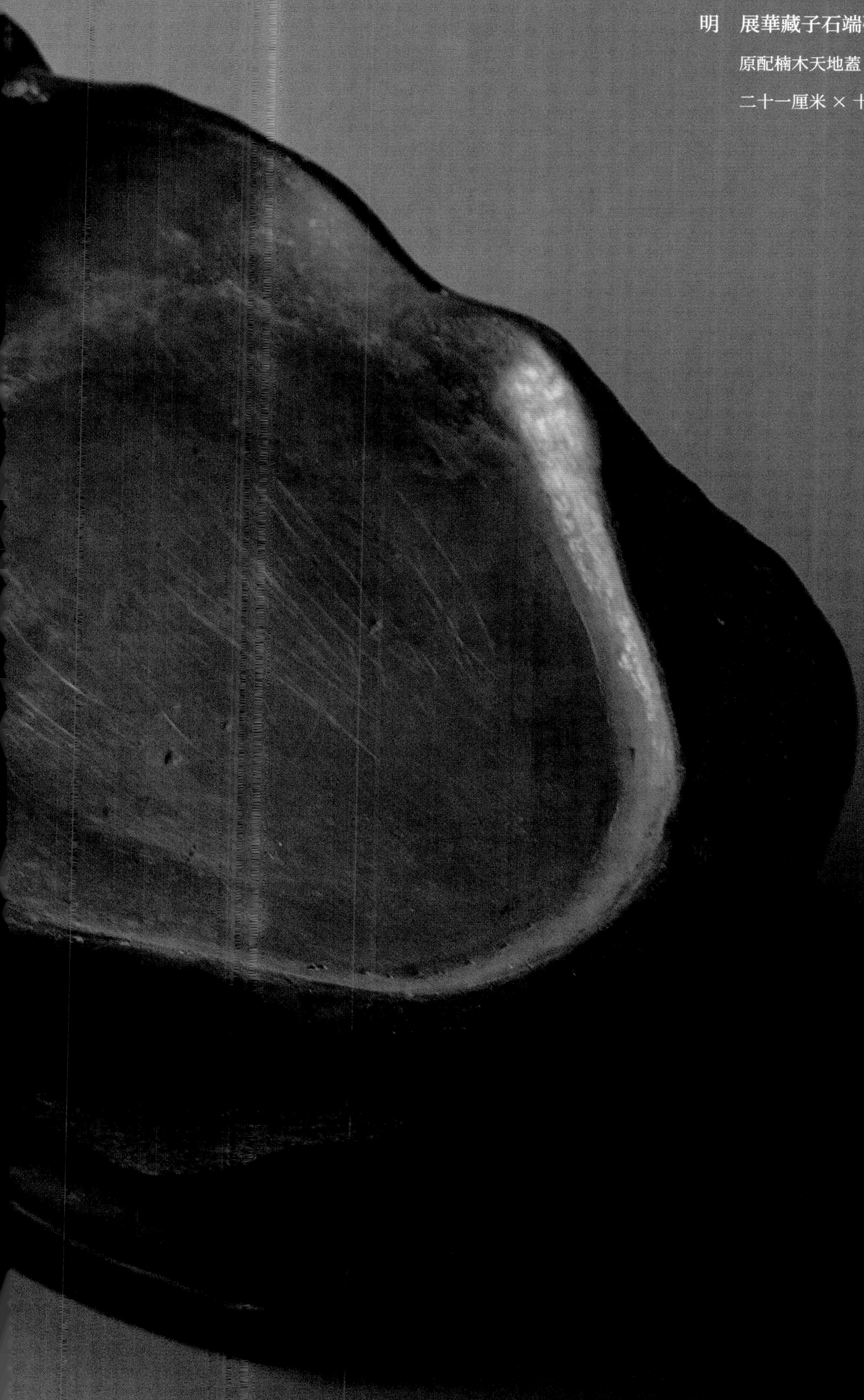

明　漢大吉磚刻銘文抄手硯

硯銘：“磨而不磷，涅而不緇，其道大光貞吉。甥何鋆銘。光緒丁亥客大梁，行笈中□□磚，惺□道兄見而愛之，爰命□子君輔製硯以贈。乃爲銘云：陶甄之寶堅而貞，琢之磨之玉汝成。運墨運甓，寸陰是競。黄守穎。”

銘者簡介：

何鋆，清代官員，河南候補州同署鹿邑縣縣丞。其職協縣令，理縣中庶務，輔治民事，頗具地方治務之才。鹿邑屬河南，古稱大梁，黄守穎亦仕大梁，蓋二人有相交之緣。

原配金絲楠木天地蓋

十二點四厘米 × 七點四厘米 × 五點八厘米

漢大吉塼研

此硯乃漢大吉磚改製其兩端皆有銘其一何鋆隸書銘曰磨而不磷涅而不淄其道大光貞吉左側棱型圖案中存大吉二字右側有黃守銘刻曰陶甄〻爽堅而貞琢〻磨〻〻至汝試運思運甓分陰是競得厚樸道勁之趣耳 童晏方書龍華古寺

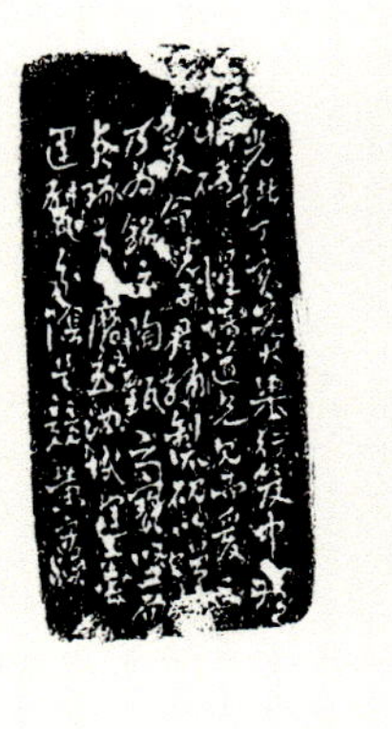

明　喜蛛竹節形行囊端硯

原配大漆竹節匣

七點四厘米 × 四點四厘米 × 一點四厘米

明　大吉羊漢磚硯

下壁刻“大吉羊”。配髹黑漆天地蓋。蓋面刻“大吉羊”“道光丁亥”“是歲八月朔日”。

原配刻文字楠木天地蓋

十七厘米 × 十六點四厘米 × 五點三厘米

明　梅花紋銀暈歙硯

原配紅木匣

十二點七厘米 × 十點三厘米 × 一點五厘米

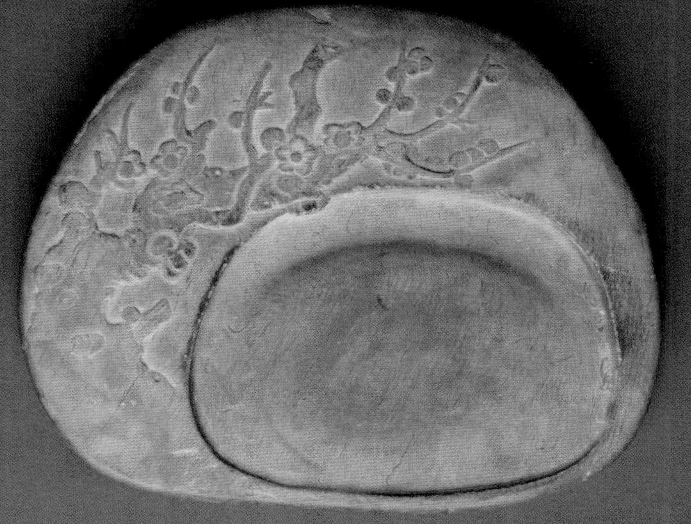

明　帶眼雲龍紋端硯

原配紅木匣

二十二厘米 × 十五厘米 × 四厘米

明　雲紋端硯

楠文夫舊藏。

著録：《文房至寶：硯·墨·筆·石印》，河出書房新社（日本）。

原配大漆匣

十八點八厘米 × 十八點三厘米 × 五點九厘米

癸未九月準備帶
四百八十贈自朱幼
平家第二硯　袁

清　汪廷璋銘門字老坑端硯

硯蓋銘陳恭尹《端溪硯石考》：“硯之用，發墨、不損毫，二者盡之矣。不損毫，常硯皆能之，惟發墨之妙，非親試水岩不知也。他硯粗則銼墨，細則拒墨，水岩即不然，玉肌膩理，拊不留手，着水研墨，則油油然若與墨相戀而不捨。墨愈堅者，其戀石也彌甚。以他硯并之，水之分數同，墨同，手同，而爲研之數，水岩常少於他硯十之三四。每春夏間積雨時，墨竟日用之，則棱角軟腐反張，惟水岩可免此病。驟以他硯易之，頃刻不勝其苦矣。硯槽之水，隆冬極寒，他硯常冰，而水岩獨否。具此數妙，雖椎樸無文，猶將拂拭用之。況其體質之美，千奇百變，不可殫窮。豈南離文明之德，獨萃於端溪耶？獨漉子汪廷璋書。”

銘者簡介：

汪廷璋（生卒年不詳），字令聞，號敬亭，徽州歙縣人。其祖汪鑣遷居揚州，經營兩淮鹽業，家資日隆。汪廷璋繼承祖業，勵精圖治，成鹽業巨富。乾隆年間，曾多次參與接駕。家資之豐，至千金纍積，富甲淮南。其甲第廣布，園林别業遍於揚州，府中珍藏古玩寶器琳琅滿目，文人雅士常於其間觴咏流連，交游甚廣。富而好古，所藏珍寶無不精絶，尤爲時人稱道。

原配雞翅木刻銘文蓋

十六點八厘米 × 十一點四厘米 × 一點五厘米

清　陳豫鍾藏犀牛望月淌池端硯

此硯周緣四方齊整，形制規矩。硯底刻有犀牛望月之圖，左上方雲層微凸一眼柱，巧作明月。側面鐫“求是齋藏硯”。硯盒以紫檀爲材，工藝精湛，硯與盒色澤對比强烈，外觀古樸沉穩，内飾端莊，視覺效果極爲强烈，呈現出優雅的文人氣韵。

藏者簡介：

陳豫鍾（一七六二——一八〇六），字浚儀，號秋堂，齋號求是齋，浙江錢塘（今杭州）人。清代學者，擅書畫篆刻，篆籀工整，印藝尤精，與黄易、陳鴻壽齊名，列“西泠八家”。

原配紫檀木匣

十四點四厘米 × 九點五厘米 × 二點三厘米

求是齋藏硯

清　陸頌堯舊藏漢磚硯

硯蓋銘文:“漢磚。壬午新秋,頌堯珍藏。”
硯身銘文:“延熙十六年。”

原配楠木天地蓋

二十四點一厘米 × 十七點二厘米 × 五厘米

清　刻文字隨形洮河石硯

十八厘米 × 十一厘米 × 一點七厘米

清　雲蝠紋端石硯

原配紅木匣

十七點七厘米 × 十五厘米 × 二點三厘米

清　蒼龍教子大端硯

四十五點七厘米 × 四十三點五厘米 × 六點八厘米

清　顧二娘製篩形硯

十點二厘米 × 九點一厘米 × 一點七厘米

清　顧二娘製林佶銘端石凝脂夔龍紋硯

楠木盒銘：“清硯。顧氏手琢研，付嶽識。”

紅木提盒銘：“顧氏手琢研。”

紫檀硯盒銘：“凝脂。與墨爲入，與水爲出。膚如凝脂，温潤綿密。是陰鑒之精華，願世守而勿失。壬子杏月，青父題。”

左側硯銘：“扶輿磅礴之氣，得其剛者爲剛健文明，得其柔者爲柔順潤澤。柔，巽象也。凡日照月臨，泳浴乎其外，遂凝結於其中。《詩》有之：‘膚如凝脂’。斷章取義，庶足以比擬云。康熙己亥年十月五日，鹿原。”鈐“林”“佶”印。

右側硯銘：“古在骨，秀溢出，資著述。”鈐“若良王氏珍藏”印。

硯背銘：“吴門顧二娘造。”

日本川津信雄舊藏。

楠木盒、紅木提梁盒、紫檀嵌玉銘文蓋盒

二十一厘米 × 十六厘米 × 十點五厘米

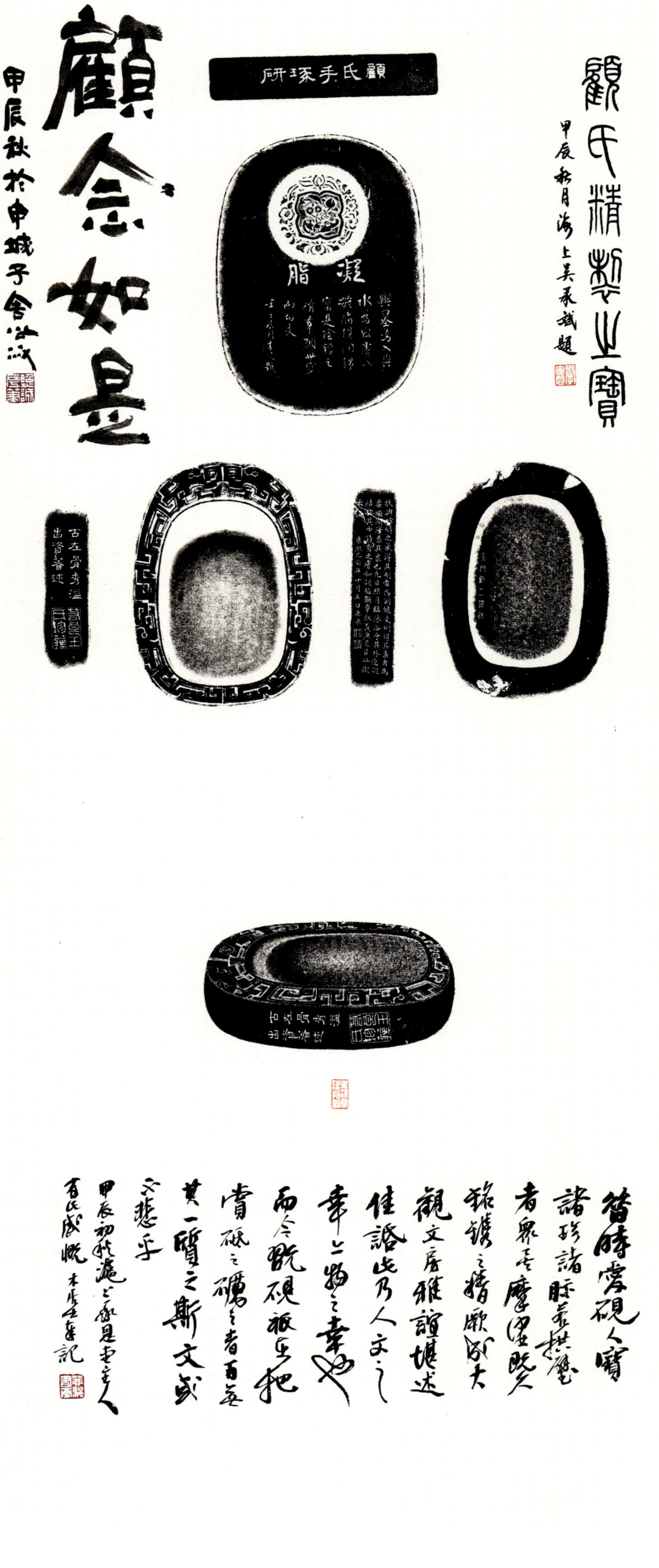
顧念如是
顧氏手琢研
凝脂
顧氏精製之寶
甲辰秋月海上吳承斌題

北京故宮博物院亦藏有數方顧二娘款硯臺，但祇有兩方被學術界確定爲顧二娘親手製作。顧二娘在世時，已經有仿者，後世模仿者亦多，即便如此，有顧二娘款的老硯臺留下來的也不多見，因此顧二娘款硯臺的真僞不易辨認。目前被學術界公認的顧氏硯臺主要通過古文獻記載、藝術風格、硯臺材質、文人銘文等來綜合確定。我們亦從這幾點來判斷。

顧二娘製硯的署款就像“大明宣德”爐、“子岡”款玉一樣，已然成爲一種時代風尚，是對硯臺材質、工藝、藝術風格的肯定，是頂級製硯工藝的代表。其中被公認爲顧二娘親琢的是北京故宮博物院所藏“顧二娘款洞天一品端硯”，與本品皆有林佶（清早期文學家、書法家）的銘文、“康熙己亥”（即康熙五十八年，一七一九）年號，并同樣署篆書“吴門顧二娘造”款。本品是目前所見唯一一方在製硯藝術風格、年代、文人收藏銘文、署款與北京故宮藏“洞天一品端硯”極爲相似的一方硯臺。

“吴門顧二娘造”款可以排除很多僞作的問題。關於顧二娘款的真僞問題，民國時期鄧之誠在《骨董瑣記》中談論過：“顧製，其著者也，特無款識，不易辨別。凡細書八分款‘吴門顧二娘製’六字者，大抵皆僞。”而本品與故宮的“洞天一品”同爲篆書，而署“吴門顧二娘造”而非“吴門顧二娘製”，可排除鄧之誠所說的“細書八分”的署款。

本品爲端石，質地細膩温潤，以手撫摸，宛如美人肌膚，手指按壓硯臺表面即留水珠，是“呵氣成珠”的頂級端硯材質，此種硯材尤其發墨養筆，爲硯中絕品。以水潤之，火捺、翡翠斑顯現，若見美妙的落霞，令人贊嘆。世人皆知顧二娘製硯，對硯材甚是挑剔。本品的硯材跟此文中的“必圓活而肥潤”完美吻合。這在本品硯盒上的題字中亦可反映：“與墨爲入，與水爲出。膚如凝脂，温潤綿密。是陰鑒之精華，願世守而勿失。”正是贊揚本品的材質之美。故朱象賢稱贊顧二娘所琢硯爲：“其所作，古雅之中兼能華美，名稱更甚，當時實無其匹。”

左側硯銘：“扶輿磅礴之氣，得其剛者爲剛健文明，得其柔者爲柔順潤澤。柔，巽象也。凡日照月臨，泳浴乎其外。蓬凝結於其中。《詩》有之：‘膚如凝脂’。斷章取義，庶足以比擬云。康熙己亥年十月五日，鹿原。”鈐“林”“信”印。右側硯銘：“古在骨，秀溢出，資著述。”鈐“若良王氏珍藏”印。硯背刻“吴門顧二娘造。”

北京故宮博物院藏品“顧二娘洞天一品端硯”，硯面左側刻行書“非君美無度，孰爲勞寸心”，下刻行楷書“康熙己亥六月，任”款。硯右側刻篆書“吴門顧二娘造”。硯背右半部刻楷書銘文：“不方不圓，不雕不琢。略事著書，德修罔覺。如金在冶，如玉離璞。端州多才此超卓，晤言一室君子樂。”下署“甸銘”二楷字。硯背左半部有篆書銘文“敦厚凝重，以爲質也。温潤密栗，以永式也。磨礪灑滌，以修慝也。日新不息，以崇德也。”刻行書“鹿原”，篆書“林”“佶”等字。

（圖爲北京故宮藏品款識拓片）

莘田硯臺收藏廣爲人知，黄莘田罷官後，得到上等端溪石皆交付顧二娘雕製，黄莘田亦寫詩數首贊頌顧二娘。顧二娘不僅爲黄莘田製硯，也爲當時的許多文人士大夫琢硯。顧氏製硯，三代傳承，早有順治顧德麟，由顧二娘繼承，後由顧二娘侄子（充其子）顧公望繼承（康熙年間召入内廷供役，爲宫廷製硯），可以説顧氏硯臺影響了整個清代的製硯藝術風格，而傳世甚少，尤顯本品的難得可貴，稀世罕有，其歷史價值、藝術價值、收藏價值不可估量。

顧二娘本姓鄒，顧乃其夫姓。蘇州人，生卒年不詳，約活動於康熙晚期至乾隆之際。與當時著名藏硯家黄任相交，并爲之製硯，以其技藝精良，深得黄任贊賞。顧二娘製硯工藝簡練，以清新質樸取勝。據《江南通志》記載：“顧聖之，字德鄰（亦寫作“麟”），吴縣人。父顧道人，工於製硯，人稱之爲小道人，所製硯皆仿古式，樸雅可玩。子死，媳獨擅其藝者二十餘年。”清朱象賢《聞見偶録》説：“國初，吴郡有顧德麟，號顧道人者，讀書未就。工琢硯。凡出其手，無論端溪、龍尾之精工鎸鑒者，即 村常石，隨意鏤刻，亦必有致，自然古雅蘐名重於世。德麟死，藝傳於子，子不壽，媳鄒氏襲其業，俗稱‘顧親娘也。’”

林佶（一六六〇——一七二〇），字吉人，號鹿原。侯官（今福建福州）人。清藏書家、書法家，精於小楷和篆隸。康熙三十八年（一六九九）舉於鄉，康熙五十一年（一七一二）特賜進士，授内閣中書。文師汪琬，詩師陳廷敬及王士禎。有《樸學齋詩稿》等傳世。

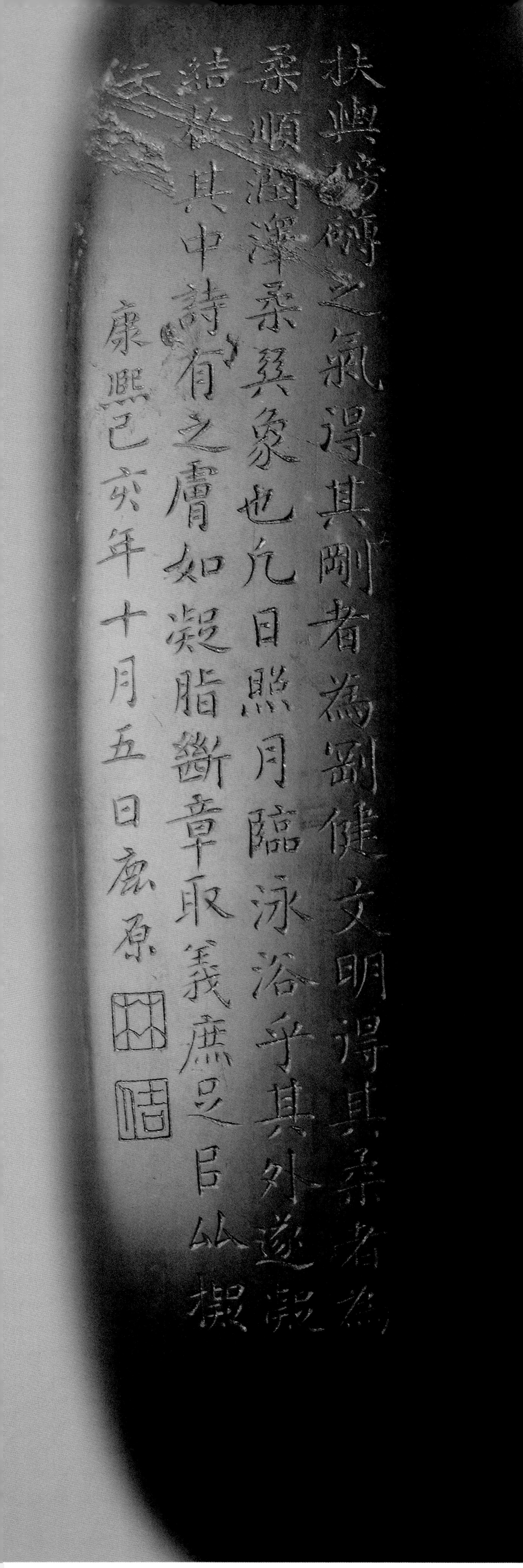
扶輿磅礴之氣得其剛者為剛健文明得其柔者為
柔順潤澤柔巽象也凢日照月臨泳浴乎其外遂凝
結其中詩有之膚如凝脂斷章取義庶足以擬
康熙己亥年十月五日庶原
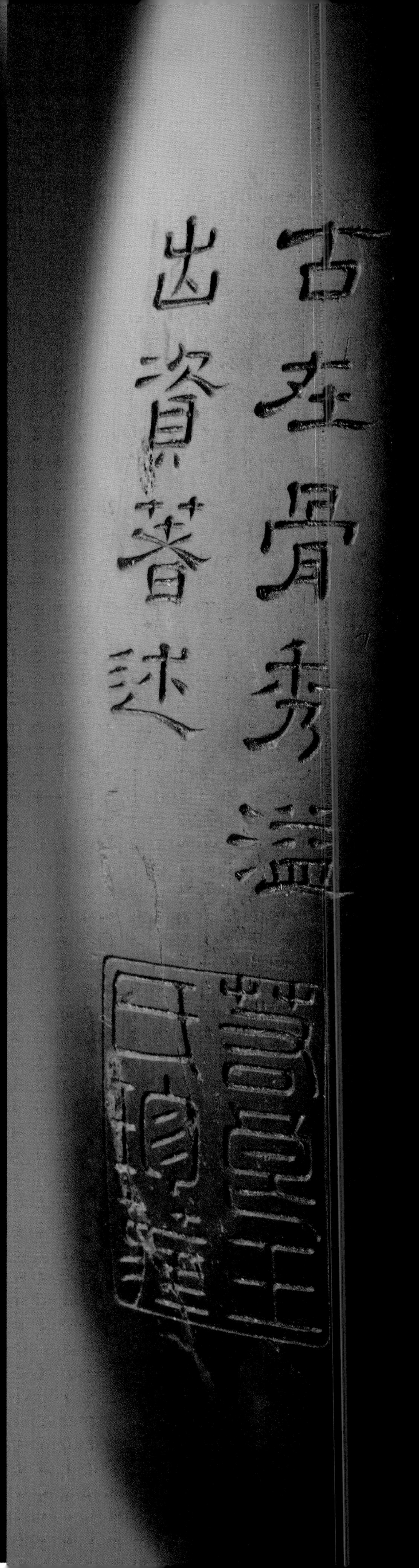
古左骨秀溫
出資著述

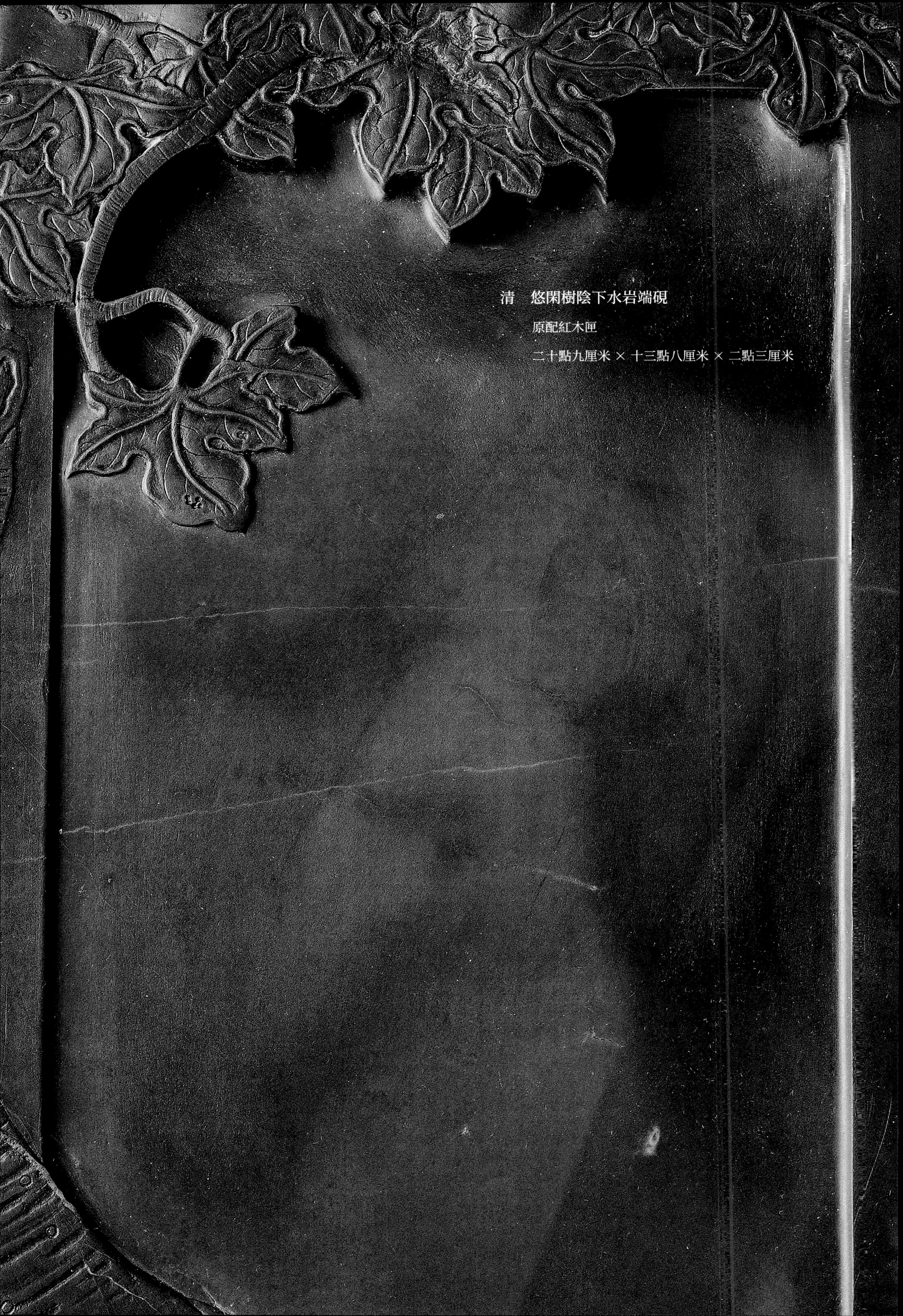

清　悠閑樹陰下水岩端硯

原配紅木匣

二十點九厘米 × 十三點八厘米 × 二點三厘米

清　端石老坑平板硯

原配紅木匣

二十四點七厘米 × 十六點五厘米 × 二點六厘米

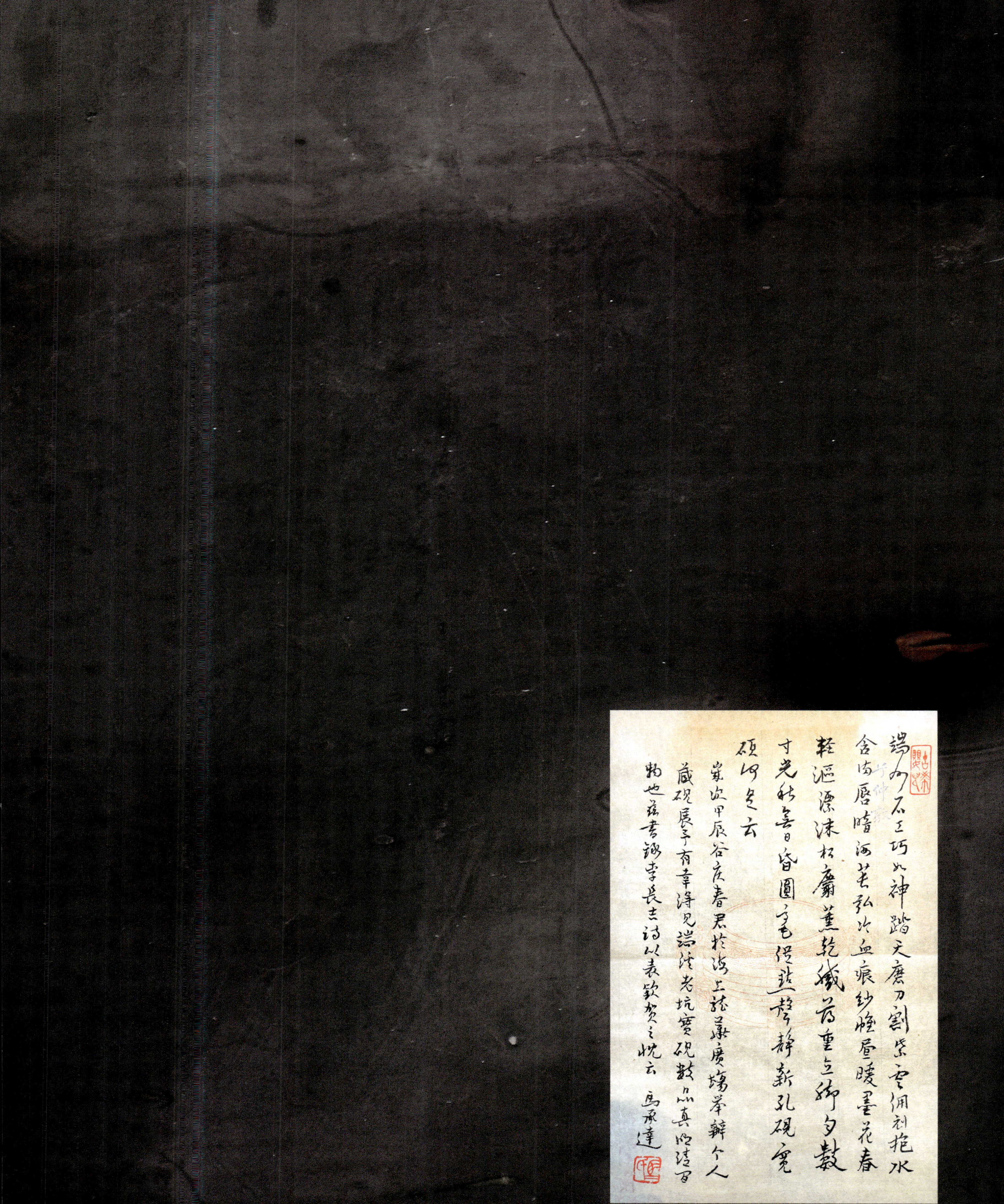

清　刻文字子石端硯

原配紫檀木座

十九厘米 × 十五厘米 × 六點五厘米

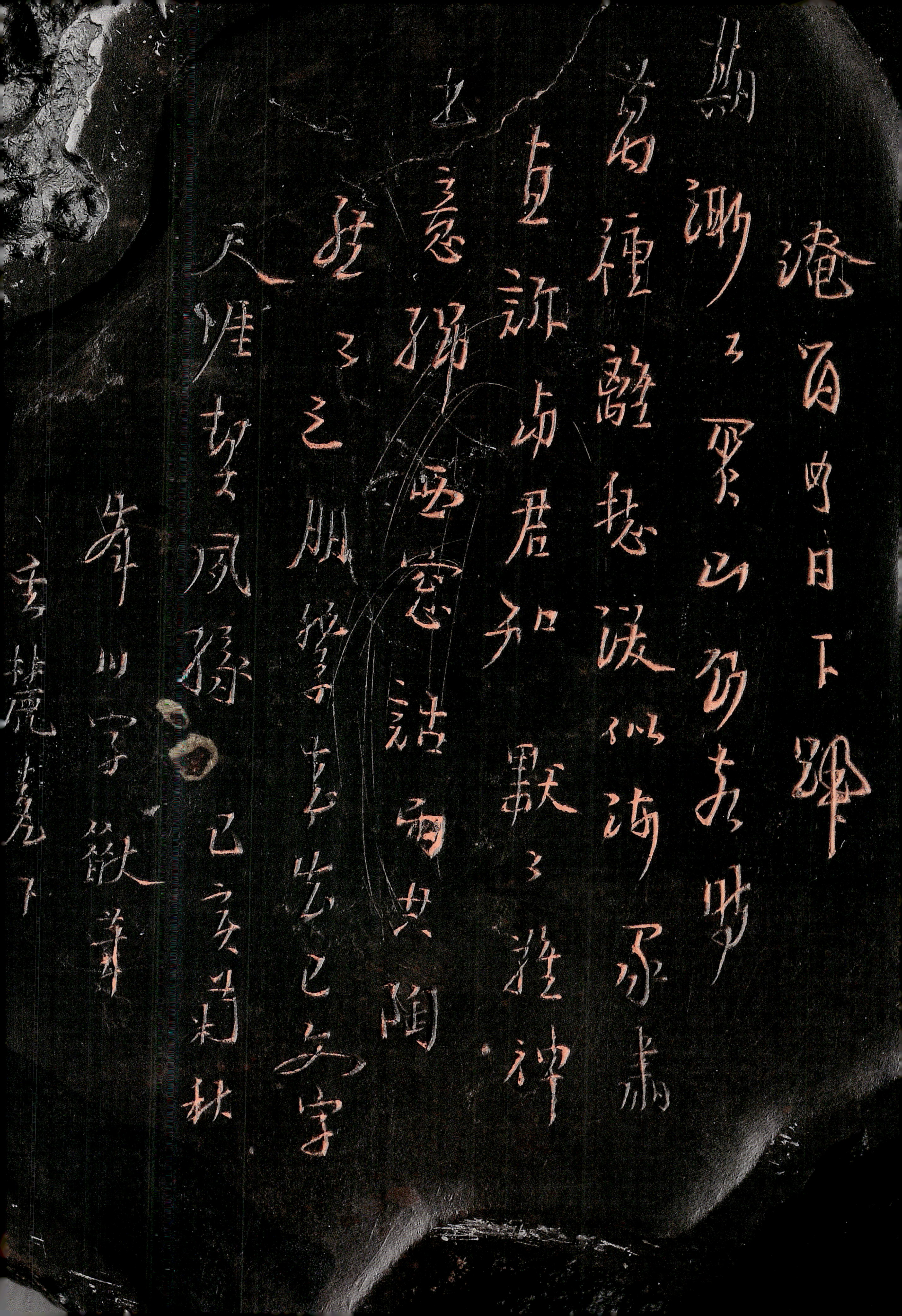

淹留晌日下歸帆
期溯〃要山有長步
茗種豁悠淡似海承潚
直詠南君知默〃推神
去意殊〃西窗話雨共陶
姪〃之朋繆書出已矣字
天唯契夙緣 己亥清秋
年川子歡草
壬麓老下

清　喜蛛葉形水岩端硯

蜘蛛諧音“知足”，爲文人所追求的君子品性，故爲書房長物。又有“喜蛛”之稱，四喜臨門，寓意吉祥。硯以水岩端石爲材，石質細膩，温潤光滑，作葉形。硯池内三隻蜘蛛攀爬其上，頗具動感，刻畫一絲不苟，設計巧妙，極其精緻。

原配紅木嵌影木盒

二十一點八厘米 × 十四厘米 × 二點三厘米

清　葉形老坑端硯

原配嵌銀絲匣

十五點二厘米 × 十點一厘米 × 一點三厘米

清　石友款菌菇端硯

原配紅木匣

八點七厘米 × 八點八厘米 × 二厘米

清　隨形老坑黃龍端硯

原配黃楊木蓋

十四點四厘米 × 十二點四厘米 × 一點五厘米

清　趙士鴻銘端硯

硯銘出自王羲之《時事帖》：“足下時事少，可數來。主人相尋下官吏不？東西未委，若爲言叙乖，足下不返，重遣信往問，願知心素。雪侯。”

銘者簡介：

趙士鴻，字雪侯，齋號養逌齋，會稽（今浙江紹興）人。趙之謙族弟。工花卉，善摹乃兄，書亦近之。游藝海上，聲聞一時，名列海上題襟館。

原配花梨木匣

十點二厘米 × 六點八厘米 × 二點八厘米

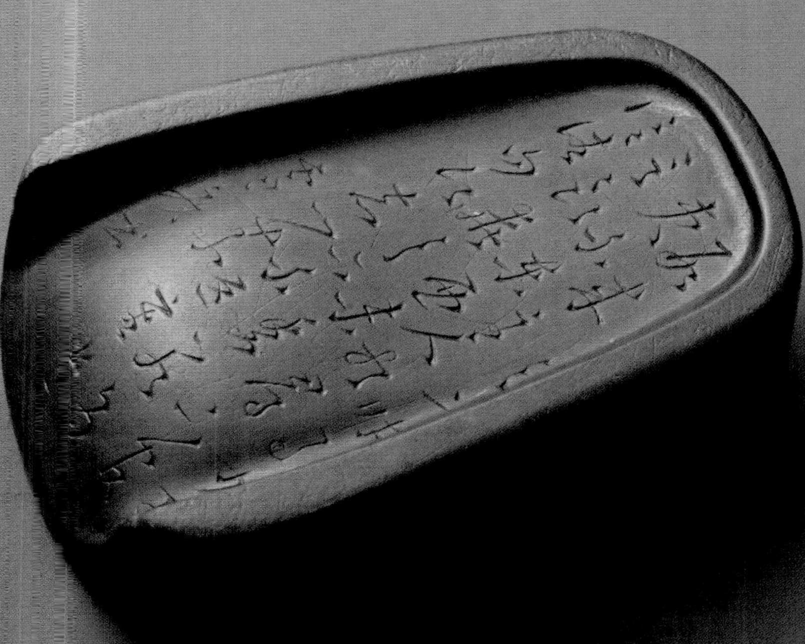

清　橢圓形雕海水仙人大端硯

原配紅木匣

三十一厘米 × 二十三點三厘米 × 二十四厘米

清　帶眼知足常樂端硯

十四厘米 × 七點七厘米 × 一點九厘米

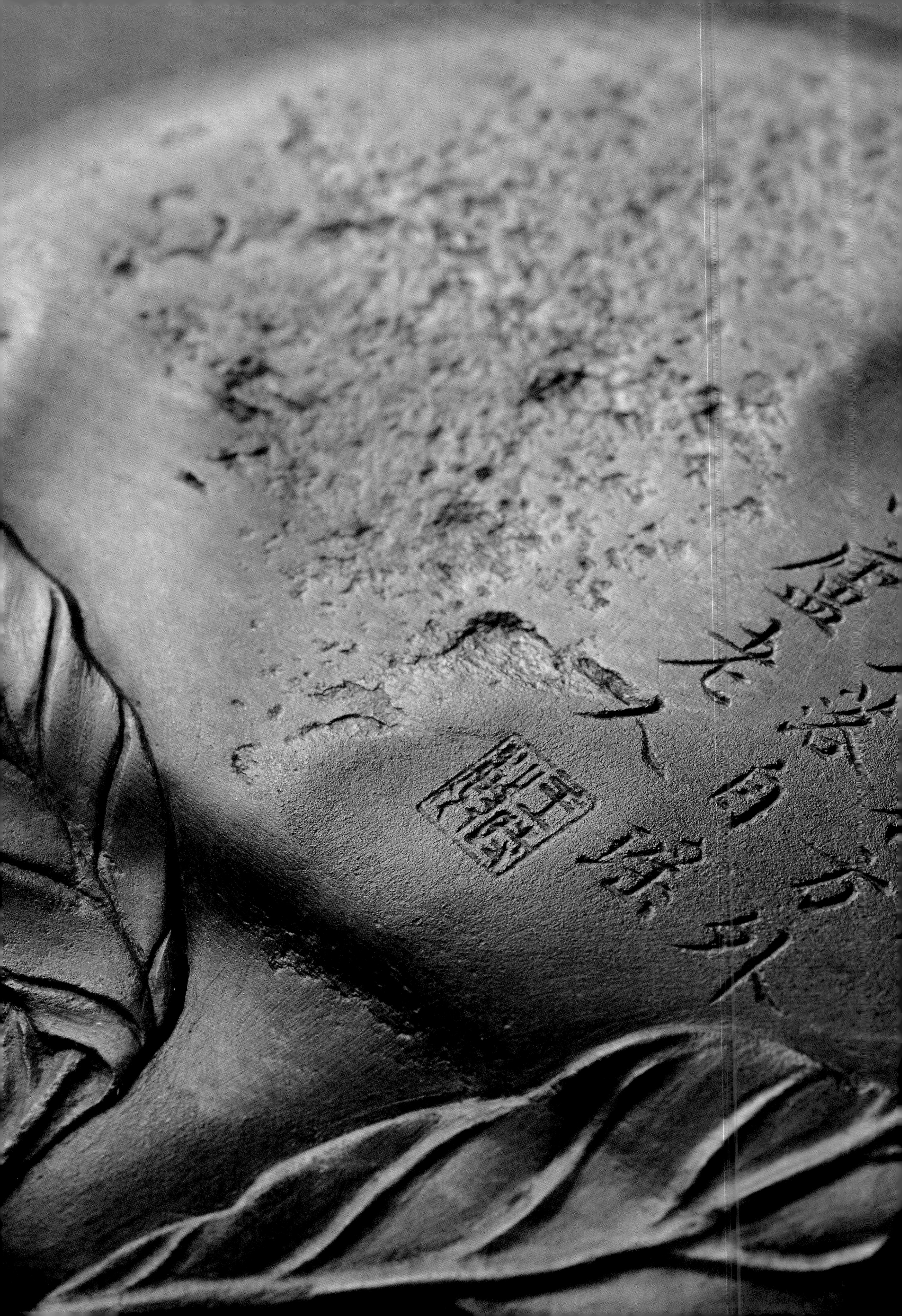

清　西廬老人銘眉紋壽桃硯

硯銘：“不是蓬萊方外種，也應失落自瑶池。”鈐印：“王時敏”。

銘者簡介：

王時敏（一五九二——一六八〇），字遜之，號烟客、西廬老人等，太倉（今属江蘇）人。明末清初著名畫家和書法家，爲清初“四王”之一（另外三位是王鑒、王翬、王原祁）。

原配紫檀木刻壽桃形匣

八點九厘米 × 八點四厘米 × 一點五厘米

清　河西笛洲藏惲彥琦銘雲紋隨形水歸洞端硯

硯蓋銘文：“鸜鵒之眼，青花之英。鐫成五朵雲，將與龍尾鳳朱而同珍。咸豐辛亥得於袁江，眼色微黃，自是西洞産，因以銘焉。亦韓識。”鑒藏印：“兩罍軒”。

硯盒題字：“水歸洞研。壬申黄花之月，笛洲老漁署。”鈐印：“羊生”。

此硯是在清朝咸豐辛亥年（一八五一）從袁江處獲得，眼色微黄，推測是西洞出産。

銘者簡介：

惲彥琦（一八二八——一八九三），清代學者。字莘農，號亦韓。陽湖（今常州）人，曾寄籍順天大興。惲光宸子。咸豐九年（一八五九）進士，歷官禮部主事、署按察使等職。

藏家簡介：

河西笛洲（一八八三——一九四七），日本山梨縣人。名義弘，字子毅，號笛洲。齋名亦可室、碩果印室。與中國篆刻家來往甚密。精通漢籍、金石學，也精於鑒賞硯與印石。

原配紫檀木天地蓋　外日本木盒

十四厘米 × 十三厘米 × 二點六厘米

清　緞溪蓮客吟詩之硯

原配刻文字影漆盒

十二點五厘米 × 九點八厘米 × 一點五厘米

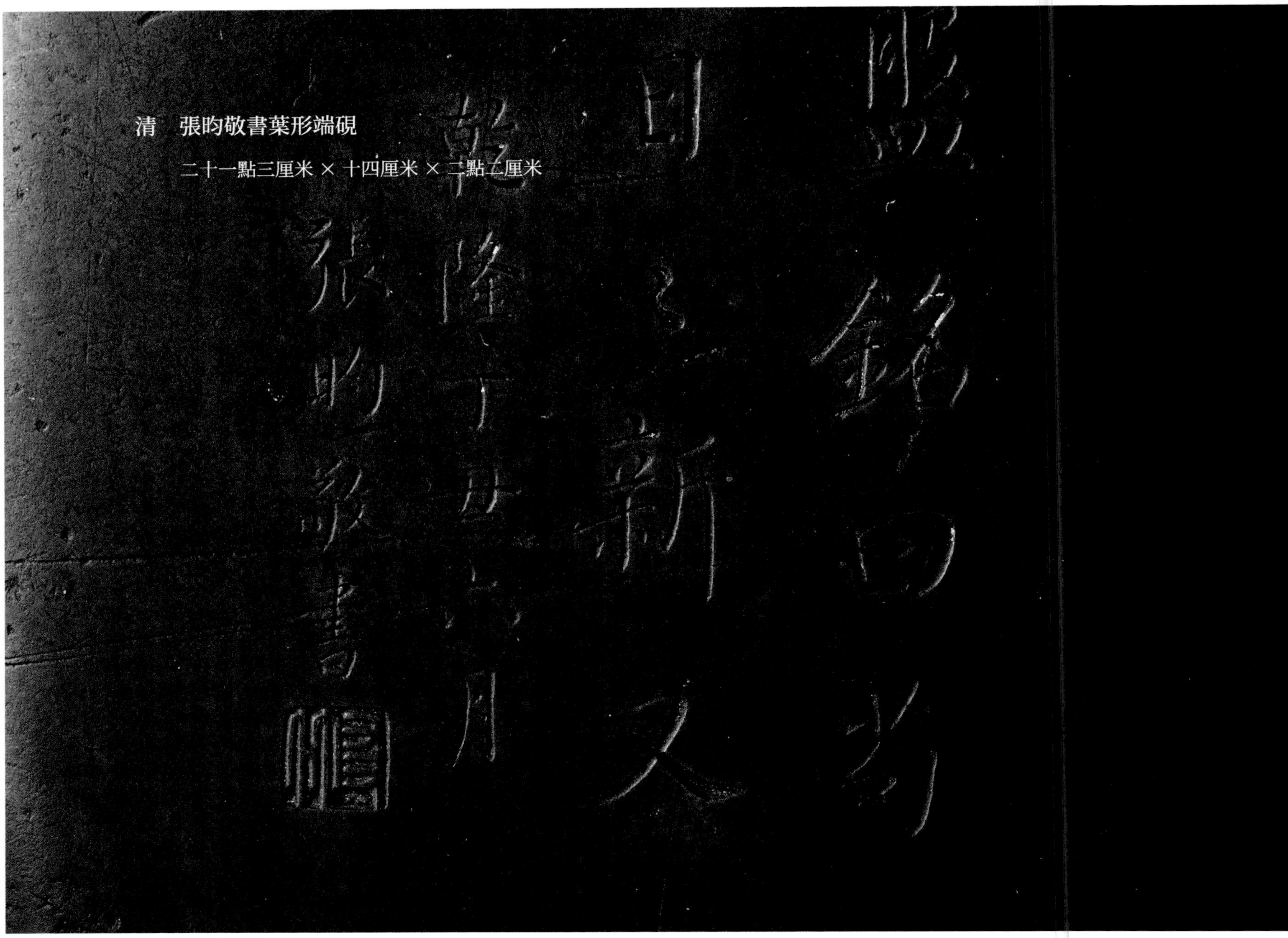

清　張昀敬書葉形端硯

二十一點三厘米 × 十四厘米 × 二點二厘米

清　莳繪小硯箱

十二點五厘米 × 十點七厘米 × 二點五厘米

清　梅花子石端硯

原配紅木天地蓋

二十九點九厘米 × 二十一厘米 × 四點三厘米

清　雲蝠紋隨形端硯

原配紅木盒

十八點四厘米 × 十厘米 × 一點五厘米

清　高鳳翰銘靈芝端硯

銘者簡介：

高鳳翰（一六八三——一七四九），字西園，號南村，晚號南阜老人。五十五歲時因右手病廢，改號半亭、老阜、廢道人、尚左生、丁巳殘人等，山東膠州人。清代書畫家。以書畫篆刻聞名，富收藏，精鑒别。晚年去官後僑居揚州，寄宿佛門僧舍，同“揚州八怪”投契。著有《南阜詩鈔》《硯史》等。

十厘米 × 八點二厘米 × 一點三厘米

清　雲紋端硯

原配黄花梨匣

十二點二厘米 × 七點六厘米 × 一點七厘米

清　花開見佛畫山葉形端硯

原配紅木匣

十一點四厘米 × 九點六厘米 × 一點五厘米

清　仙人雲蝠紋帶眼端硯

原配花梨木匣

二十四點一厘米 × 十七點五厘米 × 三點八厘米

清　春山款嬰戲人物盒瓜瓞綿綿紋端硯

原配紫檀大漆盒

十六厘米 × 十三厘米 × 二厘米

清　盧葵生製邊壽民蘆雁圖漆砂硯

十二點五厘米 × 十一點六厘米 × 三點三厘米

南湖秋色
寿民

清　朱嘯厓題邀月山館藏湘璧石硯

硯銘：“湘璧之石含靈光，體褊恐急舒以長，守約施博藏巾箱。月禪寶用。道光乙未。嘯厓持贈。”“惟爾菑畬耕乃獲。月禪屬，嘯厓再題。”“奪秀閣造。”

原配癭木匣

十二厘米 × 九點九厘米 × 二點七厘米

朱浦崖銘款硯真搨　劉濤

清　王文治銘蕉葉形綠端硯

原配紫檀木匣

二十一點一厘米 × 十三點八厘米 × 一點六厘米

清　施補華銘方圓相容黃龍水岩端硯

紅木匣

二十一點六厘米 × 十九厘米 × 五厘米

清　王文治銘洛神緑端硯

銘者簡介：

王文治（一七三〇—一八〇二），字禹卿，號夢樓，江蘇丹徒（治今江蘇鎮江）人。文學家。官翰林院編修，累遷至雲南知府。後罷歸，遂絶意仕途，與姚鼐諸文士游。工詩文，尤擅書法，行草得董其昌神髓，世稱“淡墨探花”“淡墨翰林”，與劉墉、翁方綱、梁同書齊名，時稱“天下三梁，不及江南一王”。著有《夢樓集》等。

原配紅木天地蓋

二十二點四厘米 × 二十一點一厘米 × 二點二厘米

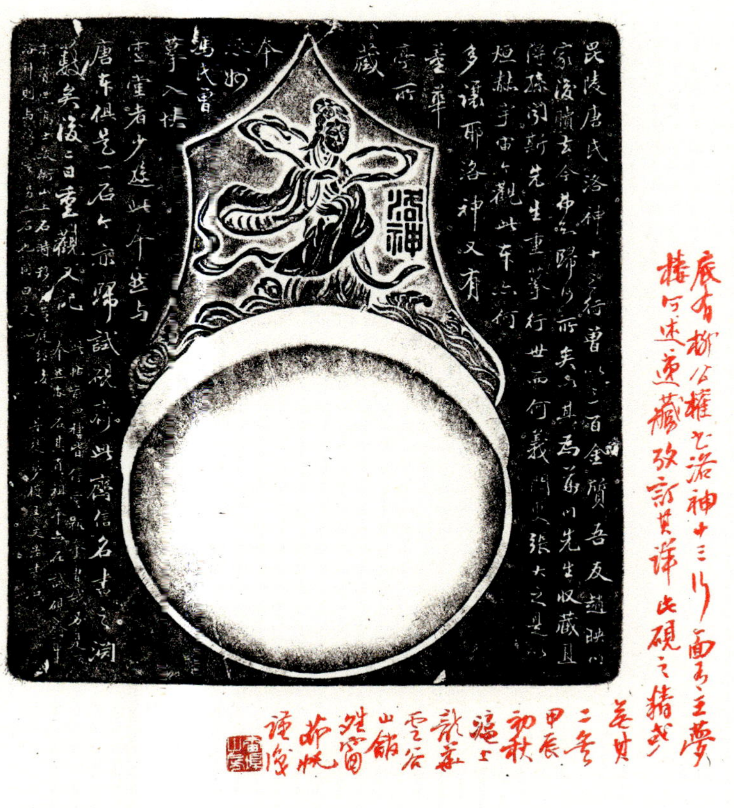

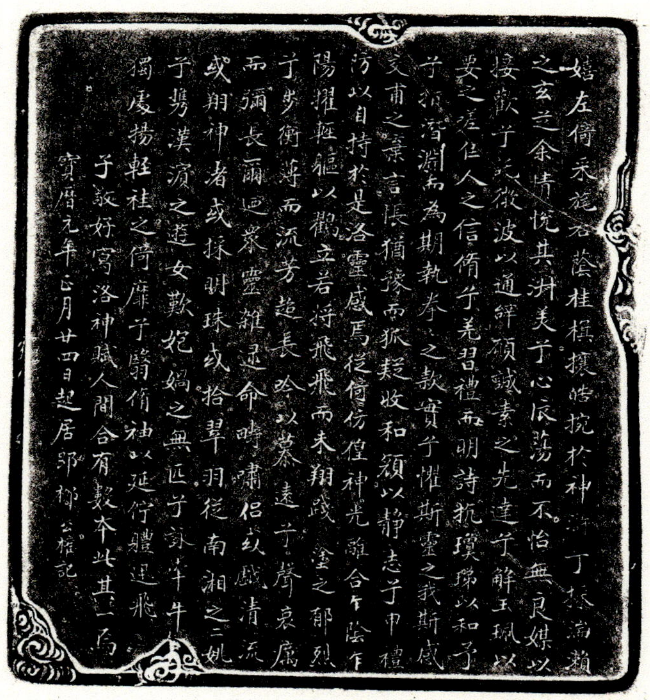

清　子俊氏銘端溪朝天岩硯

原配紫檀木刻文字匣

十四點四厘米 × 十四點四厘米 × 一點六厘米

清　洮河環渠池圓硯

原配紅木嵌癭木匣

九點五厘米 × 九點五厘米 × 一點七厘米

清　多眼雲龍紋端硯

原配紅木匣

二十二點四厘米 × 十五厘米 × 四厘米

清　玉堂美器緑釉瓷硯

原配紅木天地蓋

九厘米 × 九厘米 × 三點四厘米

清　琴形多眼端硯

原配紅木匣

十九點四厘米 × 十五點五厘米 × 十點三厘米

清　王澍、高斌、陳宏謀銘耕硯主人藏留耕硯

硯銘："行則涣，養則井，君子之德，庶幾可并。乾隆丙辰仲夏，東軒高斌題。""井爾井，田爾田，宜豐年。良常王澍。""畫井地，犁耕牛，服田力穡乃有秋。陳宏謀。""毋弃石田，中有洞天，玄之又玄。""耕硯主人藏。"

銘者簡介：

高斌（一六八三—一七五五），字右文，號東軒，滿洲鑲黄旗人。少隨母習書。歷任内務府主事、蘇州織造、江南河道總督等。其功於治理黄河與京杭運河，最爲顯著。乾隆二年（一七三七），開碭山毛城鋪引河，防黄河倒灌之策被采納，深得乾隆帝器重。晚年任文淵閣大學士。通易學、詩書，著作頗豐。乾隆帝親賜詩文，以表其忠誠勤勉。高斌一生奉公克己，居官清廉，其後人亦多爲朝廷重臣，家族世代顯赫。

王澍（一六六八—一七四三），字若林，號虚舟，江蘇金壇人。康熙年間進士，後爲翰林院編修。精於書法，四體皆擅，尤工篆書，融歐陽詢、褚遂良之法，筆力遒勁，古雅不凡。晚年歸隱，專注書法，書風愈加渾厚，時人稱其"篆書得古法，行書次之，正書又次之"。其書法對後世影響甚深，堪稱清代篆書名家。

陳宏謀（一六九六—一七七一），字汝咨，號榕門，廣西臨桂（治今廣西桂林）人。雍正二年（一七二四）進士，歷任湖南巡撫、禮部尚書。精於理學，尤以提倡女子教育著稱，其《教女遺規》開女子教育之先河，主張"天下無不可教之人"，極具遠見。《五種遺規》爲其畢生之學術總結，尤其《從政遺規》爲清代官員必讀之作，深刻影響當時官場風氣。陳宏謀不僅在政事上爲一代重臣，更爲儒學復興之重要推手，其思想對後世影響深遠，堪稱清代學術巨擘。

原配红木匣

十二點四厘米 × 十點一厘米 × 三點三厘米

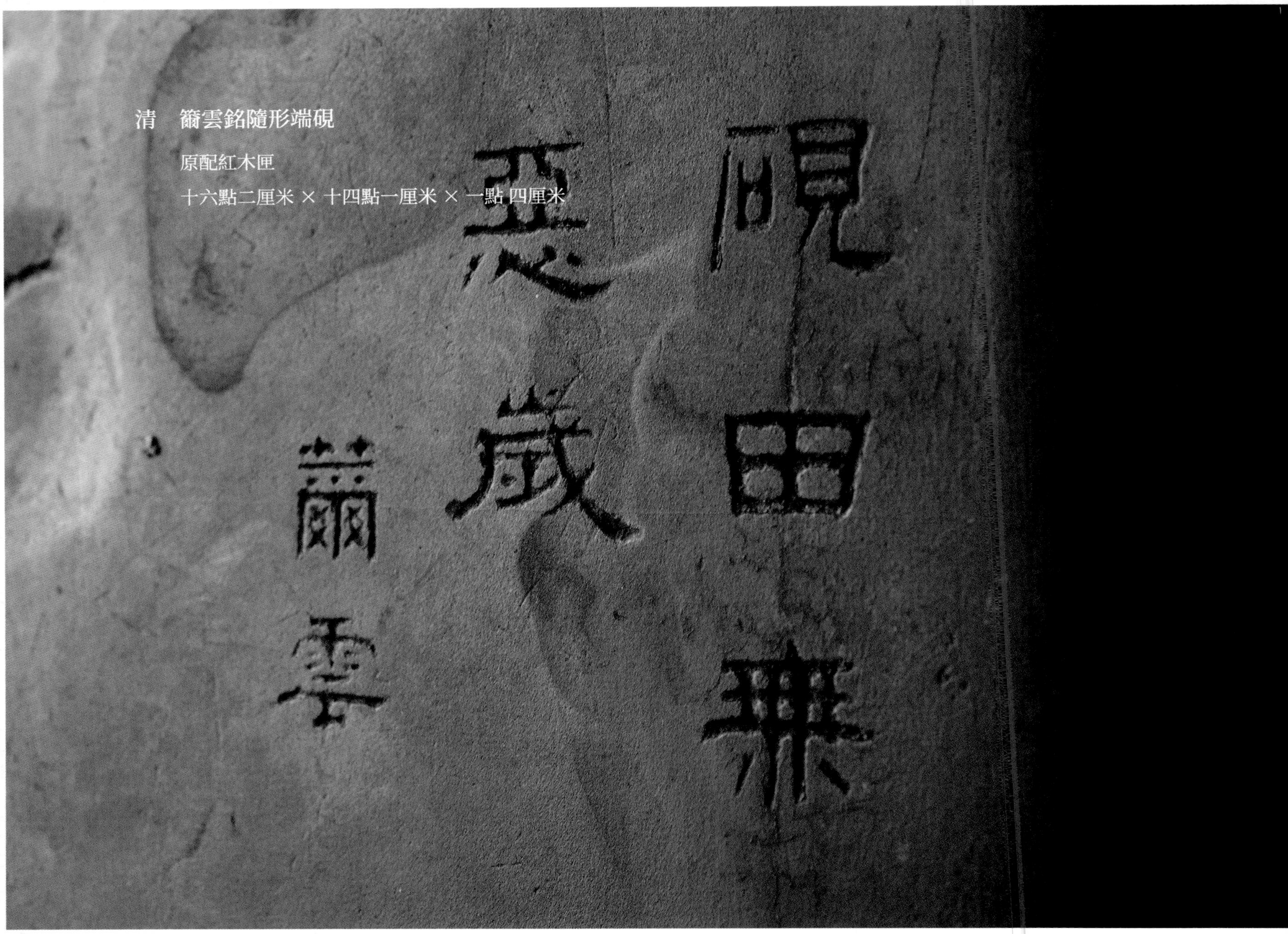

清　薾雲銘隨形端硯

原配紅木匣

十六點二厘米 × 十四點一厘米 × 一點 四厘米

清　雲龍紋長方淌池高眼老坑端硯

原配大漆匣

二十四點四厘米 × 十五點一厘米 × 三點二厘米

清　郭麐、子侯、石泉居士銘平板端硯

硯銘："水本流高而止，亦何常視時耳？君之行藏取諸此。嘉慶己巳夏四月上浣，古雲屬，祥伯銘。"鈐"郭麐"（白）印。

"精光內含，潛德不耀。青花細浮，元（玄）雲旋繞。由小江裏而脫穎，此硯得之定海孫氏。入金紫園而上考，余家爲蔣金紫公故宅，其諸靈秀之所鍾歟？子孫守之永爲寶。道光十七年七月，子侯。"

蓋銘："端硯。仿古銘文。惟硯作田，永歌樂歲。墨稼有秋，筆耕無稅。石泉居士作。"

銘者簡介：

郭麐（一七六七——一八三一），字祥伯，號復翁、頻伽、蘧庵，江蘇吴江人。姚鼐學生，爲阮元所賞識。工詩詞古文，善書法、篆刻，間畫竹石，別有天趣。

原配嵌銀絲紅木匣

二十一點一厘米 × 十四厘米 × 一點六厘米

清　吴養堂銘含珠叙文端硯

硯銘："庚寅秋，兄向陶爲余購得其石，時良常王𡵨宿君適來。宿君精琢硯，小僕撫心亦能學製含珠，而宿君成之。其叔篛林見而作銘，且欲以數種書，爲余分題其款於側。比余客自邗歸舟溯流，寒風朔雪，水波天接，把酒含毫，銘且數就。同邑畢五季明精兮書，吴闐沈天一雅善古篆，皆攫而走筆。沈梧岡，蓉江人，尤多能，兄所題識皆其手鐫。鈍人吴三亟、歸江文石林後至，雖極愛，玩而無所施其技，可不老一日之盛乎！歐法則出自岩西吴村滋務德，蓋皆不敢忘也。天都程塏爽林二識之，即書於石，以復煩梧岡。養堂。"鈐"吴氏貞"印。

這段銘文清晰描繪了硯臺自購得原石、設計至成硯的全過程，字裏行間流露出文人對硯石的深厚情感與對工藝美學的極致追求。幾位書畫名家參與其間，題刻銘文於硯身，文雅深沉，堪稱文人硯中佳品。

原配紫檀木天地蓋

十一厘米 × 七點三厘米 × 三點八厘米

養當銘研

此硯文人筆墨然四面刂書款刻婉美銘展款中言及王澍也稱若霖翰林書入秦吏之室篆書出李斯為一代作手遠近士大夫以金幣請者無虛日也其鑒定古碑刻最精晏方題

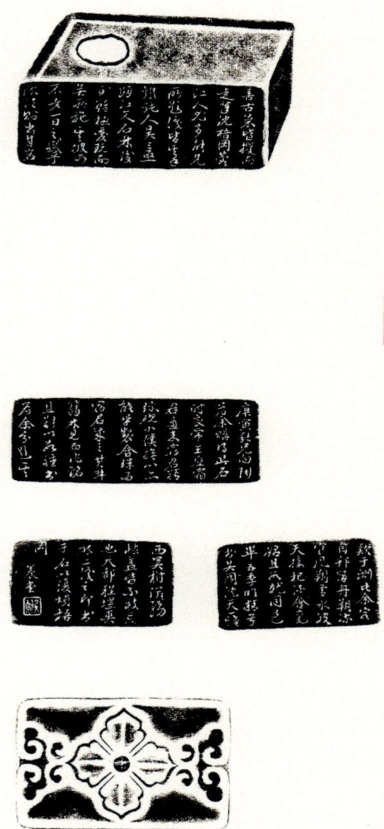

清　潤堂氏銘長樂未央瓦形水岩端硯

十七點五厘米 × 十二點五厘米 × 二點二厘米

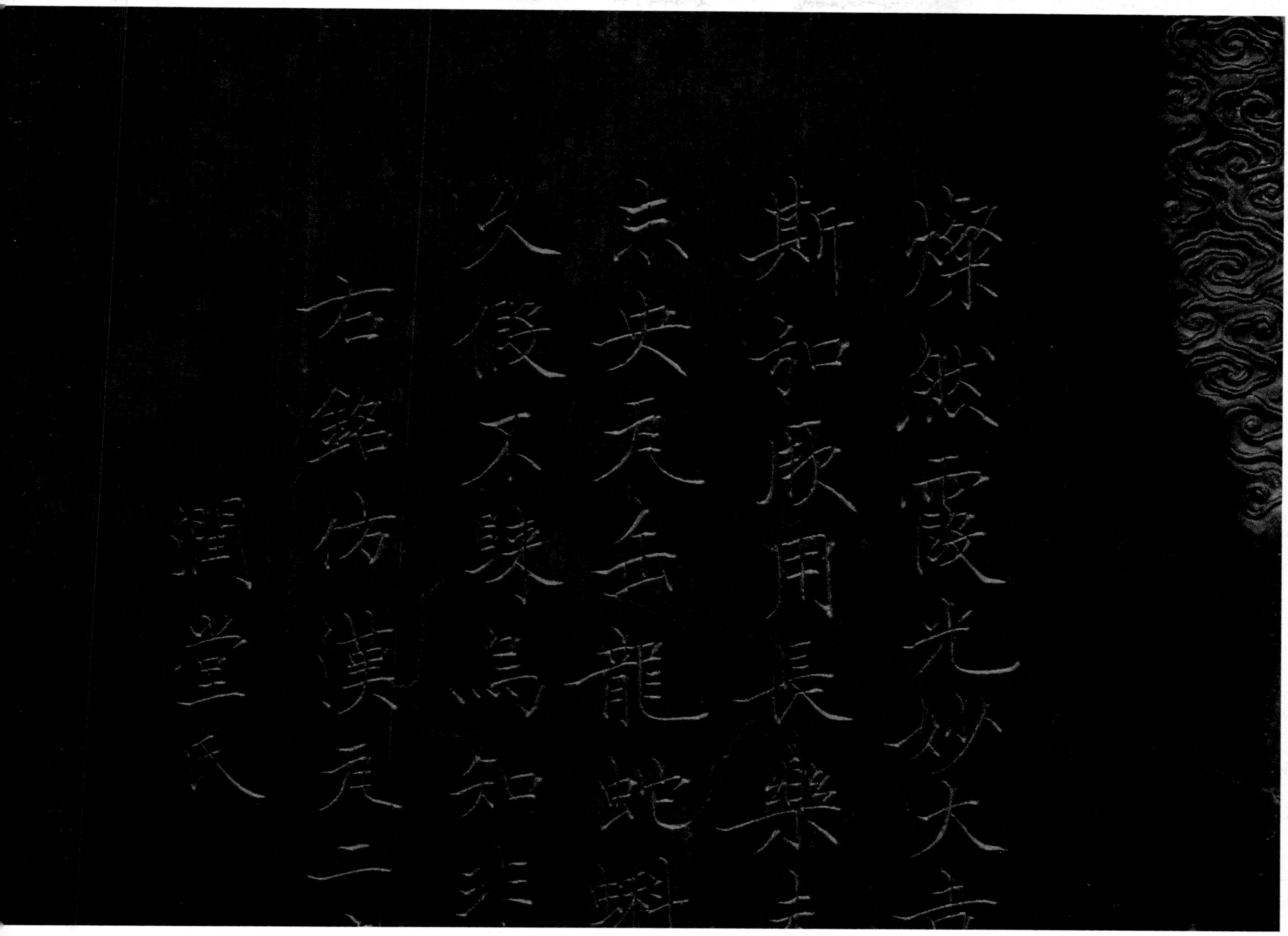

燦然霞光妙大
斯知厥用長樂
右銘仿漢
潤堂氏

清　日月池瓦形紫砂硯

原配大漆匣

二十點七厘米 × 十三點二厘米 × 二點三厘米

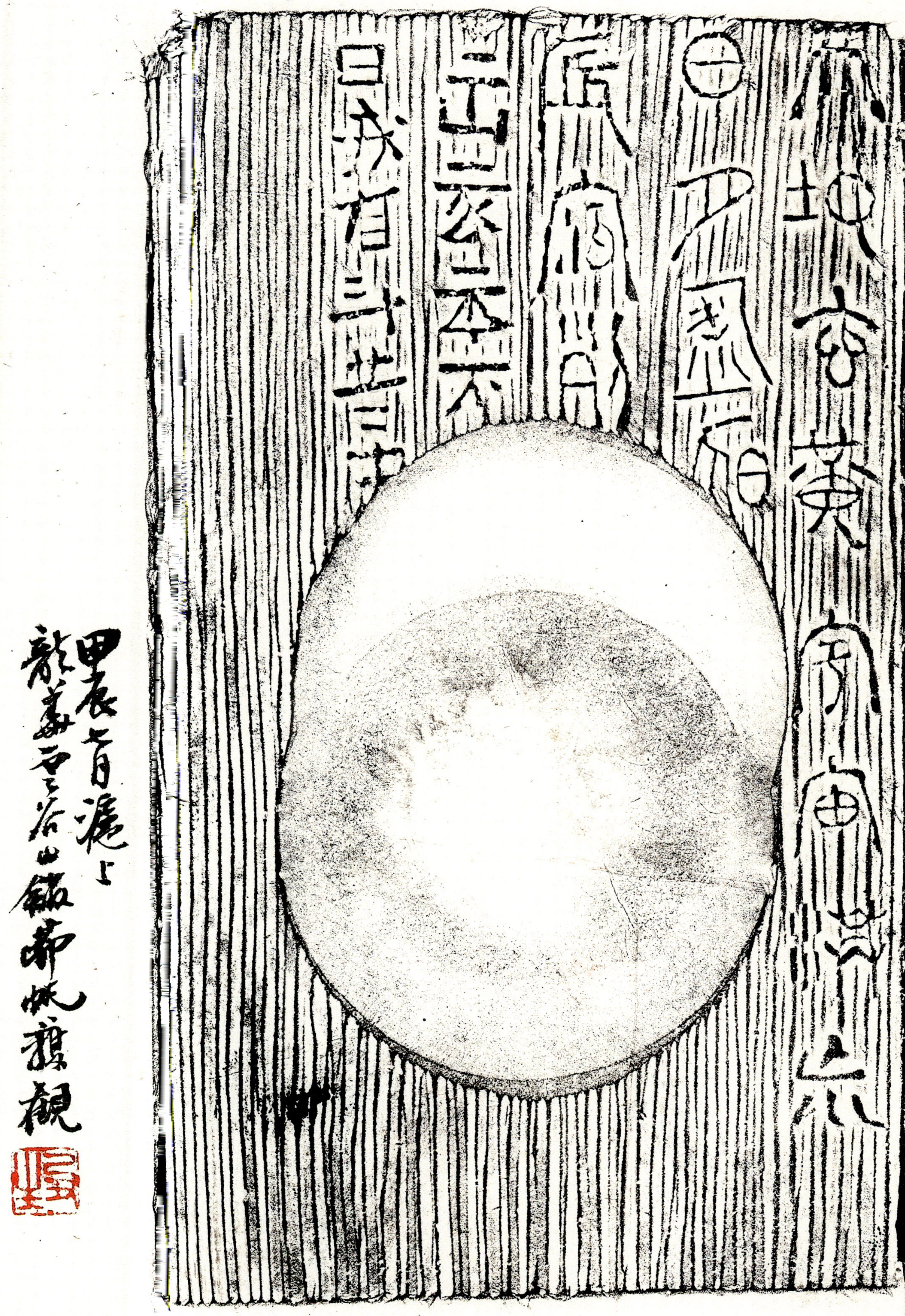
甲辰七月浣上

清　青田石雙龍戲珠硯

此硯爲日本藏家楠文夫舊藏。這位日本古董藏家藏品甚豐，特別注重於收藏中國古代文房雅器。此硯選用青田封門青石製。封門青石與文人雅士含蓄而不張揚、矜持而蘊内的品質相契合，故被人稱作“石中君子”，歷來廣爲文人雅士所青睞。更因其質佳者稀少，受到當代藏家、文人雅士的推崇。

配紅木匣

三十四點五厘米 × 二十一厘米 × 六厘米

清　吳隱舊藏盧葵生製嵌百寶梅花漆砂硯

此硯乃清道光年間名匠盧葵生所製漆砂硯。硯承辟雍形，硯面居中，硯堂與墨池相連，硯中隆起，四周留有環水硯池，以便潤筆蘸墨之用。細見金星點點，製作工藝精緻無比。銘文以隸書鎸於硯緣，曰："一石能千古，烟雲落兼驚。此心同不朽，虧水鑒前身。左圖兼右史，寶之重連城。"斯銘咏硯之永恒，抒文人之懷志，辭意深遠，筆觸蒼勁，寓情於物，融文於石，堪爲佳作。

硯盒亦爲精工，犀角灰、螺鈿、寶石粉大漆爲地，嵌百寶圖飾梅枝疏影，情景雅致，令人神游其境。盒底"盧葵生製"篆書款，彰顯名家手筆。漆砂硯之工藝複雜，須以金剛砂調漆，層層塗覆於木胎。因其成本高昂，工藝繁複，時人不多見，而以揚州盧葵生所製最受稱譽。

盧葵生精於髹漆，工於百寶嵌，其漆砂硯在清嘉慶、道光年間風行於世，受文人雅士推崇。其作品不獨工藝卓絶，且具文人氣質，兼得實用與藝術之妙。此方漆砂硯，既爲文房至寶，亦爲文人寄情之佳品。

作者簡介：

盧葵生，名棟，字葵生，江蘇揚州人，生年不詳，卒於道光年間。一生精於髹漆技藝，世稱漆砂硯大師。其家族三代皆以漆工聞名。盧氏幼承家學，髹漆技藝貫通古今，善製硯匣、文房諸玩，尤以漆砂硯聞名。其漆砂硯妍巧精緻，雕飾山水、花鳥之紋，細膩秀雅，造型古樸，工藝精妙，品味高雅。錢泳《履園叢話》云："乾隆中有王國琛、盧映之輩精於此技，今映之孫葵生亦能之。"此言足證葵生技藝承襲有序，并有所創新超越。盧氏硯匣、漆器之製，廣爲文士雅士所珍愛，時稱"揚州盧葵生製最精"。

其作工不惟以精巧細膩見長，更有重拙樸簡約之作，體現文人之清逸脱俗。凡其手製之物，皆以雅致取勝，雕刻精工，選材考究。其所製漆砂硯，不僅發墨如雲，且手感温潤，歷經歲月磨礪亦不失其光彩，堪稱文房珍品。其一生勤於藝事，遺世作品甚多，工藝之精，堪稱一代名匠，技藝之傳，令後學者無數。

畫家簡介：

吳隱（一八六七——九二二），字石泉，號潛泉，浙江紹興人，篆刻名家與書法家。光緒三十年（一九〇四），與王福庵、丁輔之等創立西泠印社，宣導篆刻藝術之發展，於推廣印泥製作貢獻頗著。其所製潛泉印泥，以渾厚精緻、冬不凝凍、夏不透油聞名，爲印界所重之物。

吳隱之篆刻藝術，初學浙派，後得吳昌碩之指導，刀法轉而沉穩厚重，風格質樸蒼勁，筆意豐厚，善於將古人之意與個人風格相結合，深具獨創性。其作品如《遯盦金石》《遯盦集古印存》《饔睿移古璽選》等，均爲後世傳頌之作，在印學史上意義深遠。吳隱篆刻所長，既在於刀法之精妙，亦在於其對古印譜之研究、整理與出版，輯刻印譜三十餘種，爲篆刻學派發展奠定了堅實基礎。

吳隱的成就不僅在於個人藝術造詣，更在於其對印學的推動與印社的建設，堪稱一代印學宗師。

二十厘米 × 二十厘米 × 三點二厘米

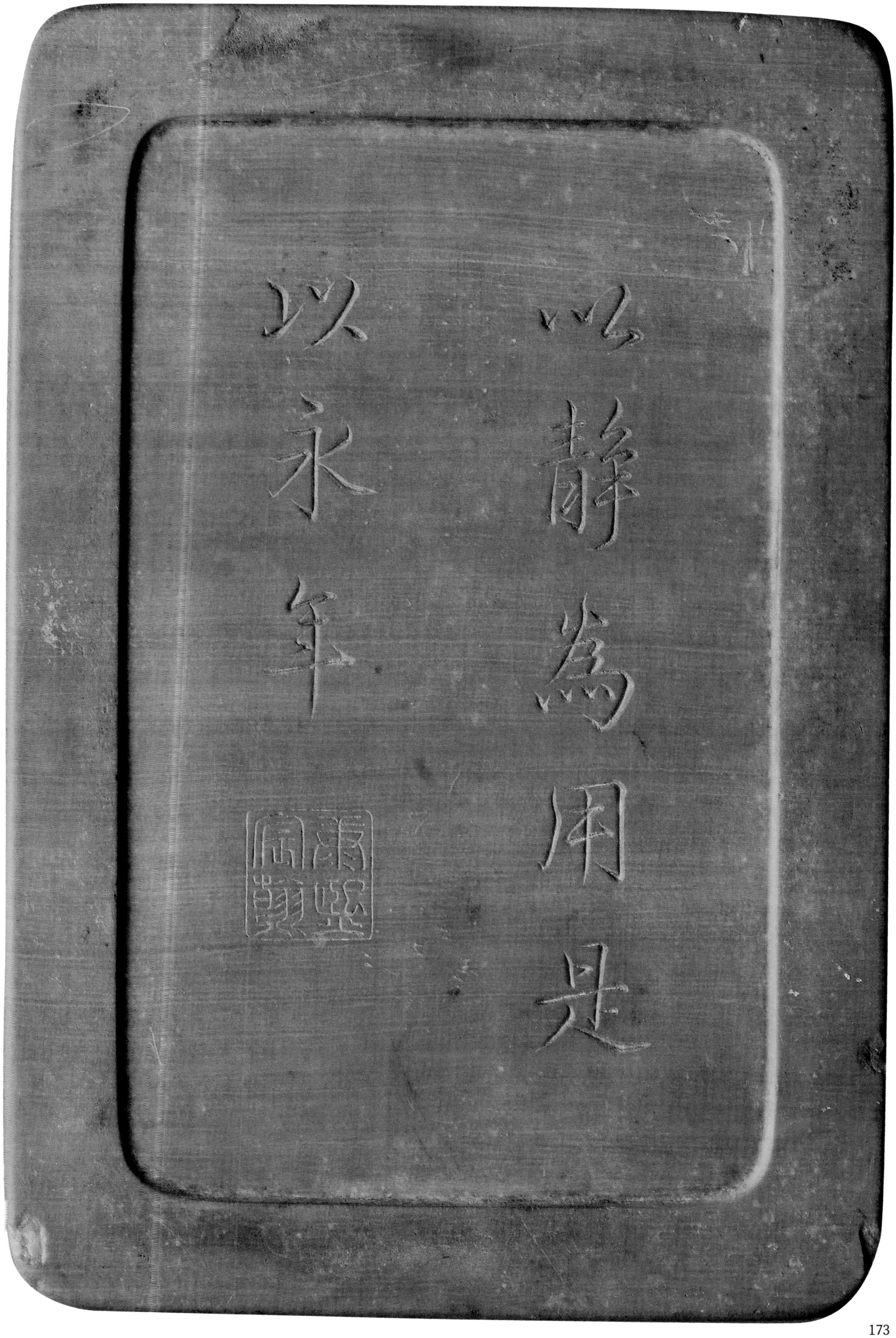
以靜為用是
以永年

十方文光

以靜為用是
以永年

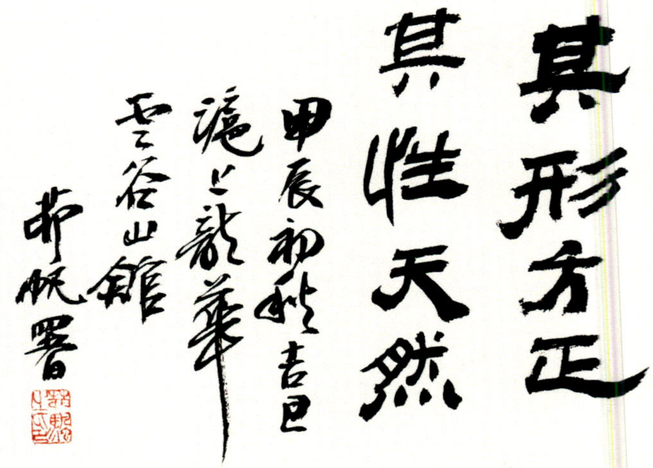
其形方正
其性天然
甲辰初秋
雲谷山館

清　康熙御銘松花石硯

因松花石出清龍脉，故清代推崇备至，而嚴禁民間開采，留存於世者皆爲宫廷所作，其製多文秀工巧。此康熙御銘松花硯質地細膩堅潤，叩之有金聲。長方形。墨池雕菌菇紋，工藝精雅，文秀可愛。

銘者簡介：

康熙帝（一六五四——一七二二），名愛新覺羅·玄燁，廟號清聖祖，順治皇帝第三子。執政六十一年，是中國歷史上在位時間最長的皇帝。好學工書，尤愛董其昌。

原配紫檀木匣

十五點二厘米 × 十點四厘米 × 一點六厘米

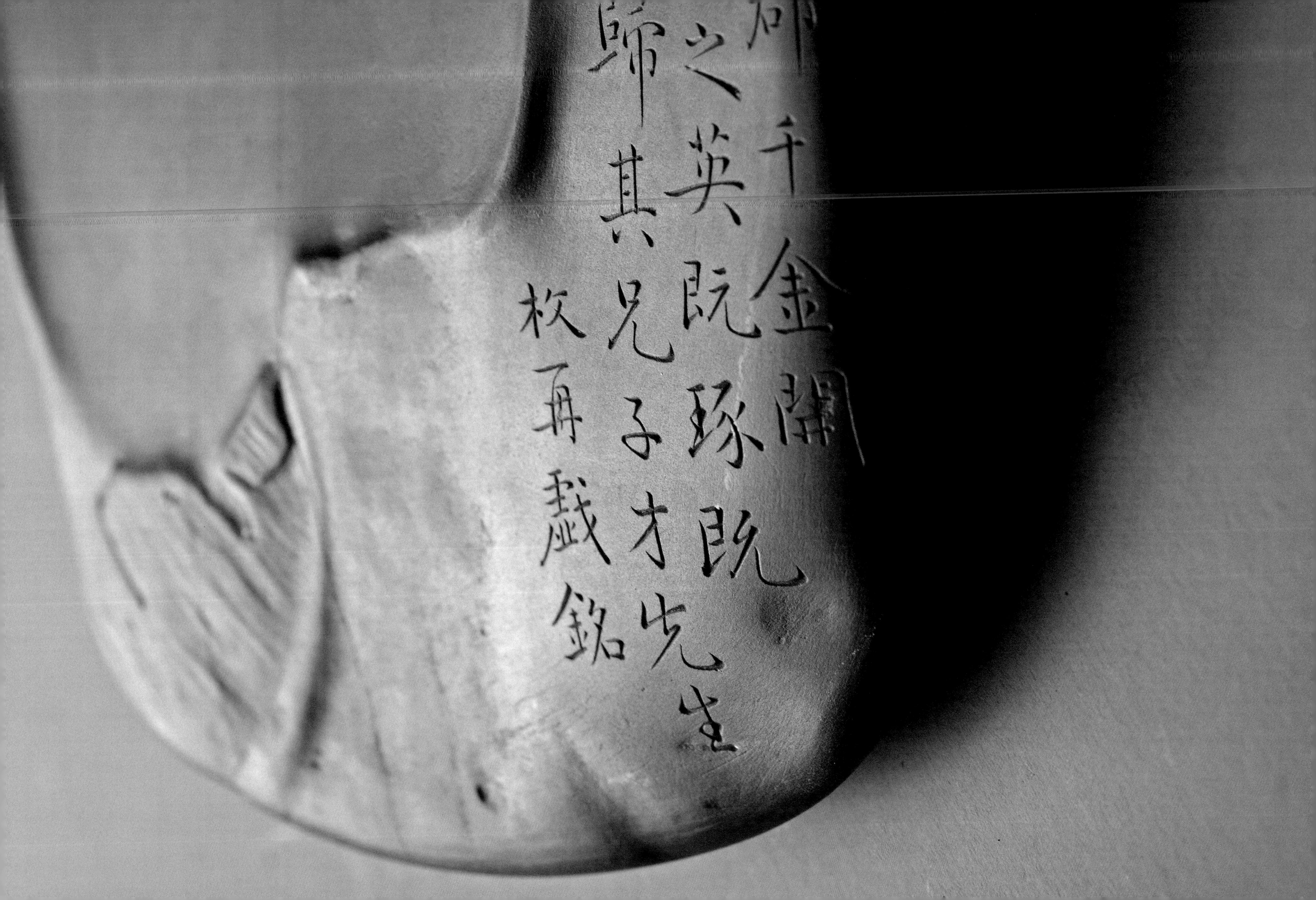
千金閘
之英既琢既
歸其兄子才先生
枚再戲銘

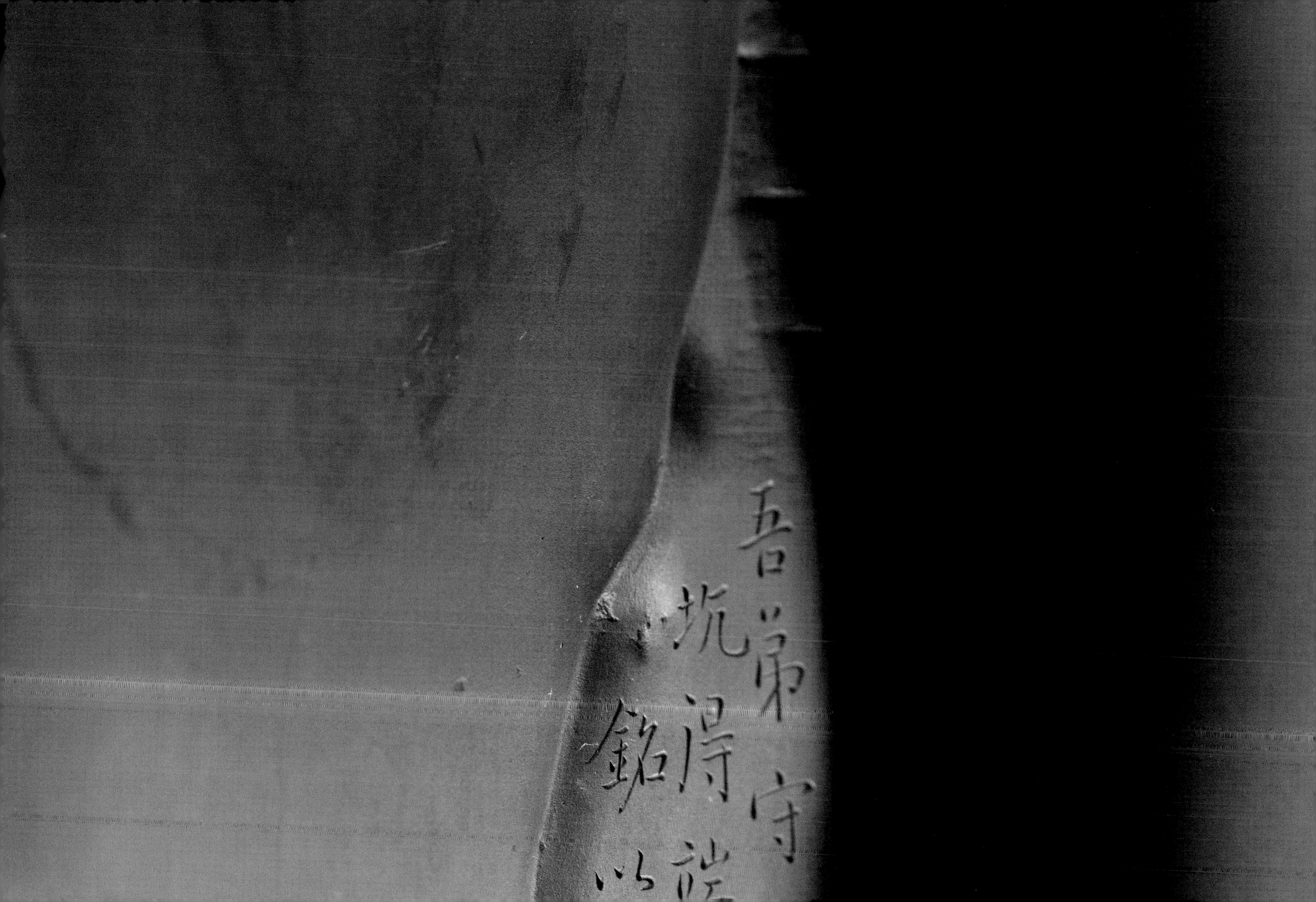
吾弟守
坑得
銘以

清　袁枚、袁樹銘隨形蕉葉老坑端硯

此硯爲清代端溪老坑之珍品，隨形而製，形似蕉葉，簡潔而具韵味。此硯銘刻袁枚與其弟袁樹的題字，二人皆爲清代文壇大家，銘文不僅書寫了硯臺之美，更蘊含了兄弟間的情感。

袁樹題銘：“渾樸不琢，形完體全。橫陳青玉，偃仰緑天。乾隆辛丑重九前二日，香亭袁樹書於肇郡晚香堂。”袁樹對硯臺的天然美感極爲推崇，銘文言簡意賅，贊其渾然天成，不加雕琢而形態完美。此硯置於天地之間，自有一種天然的高潔與厚重，充分展現了文人對自然與藝術的融合追求。袁樹在肇慶爲官時得此硯，其銘文之字句也隱約流露出他對自然與生活的獨特感悟。

袁枚題銘：“吾弟守郡，千金開坑。得端之英，既琢既銘。以歸其兄，子才先生。枚再戲銘。”袁枚以輕鬆幽默的筆調書寫了兄弟情深，銘文中“千金開坑”之言，既道出了硯材的珍貴，也彰顯了兄弟間的厚誼。袁枚借題銘，將硯材比作“端之英”，“既琢既銘”，以文化寄托情感，風趣而不失深情。這銘文雖爲“戲銘”，然情感真摯，意趣盎然，既是對硯臺的贊美，也是對兄弟情誼的真切表白。

銘者簡介：

袁枚（一七一六—一七九七），字子才，號簡齋，别號隨園老人，浙江錢塘（治今杭州上城区）人。乾隆進士，歷任溧水、江寧知府，後辭官歸隱隨園。袁枚性情灑脱，不拘禮法，主張詩文之道貴在抒發性靈，宣導“性靈説”。其詩風清新自然，反對雕琢矯飾，尤推崇宋代蘇軾，注重情感真摯。袁枚一生交游廣泛，常與文士雅集，詩文風行一時，影響深遠。所著《隨園詩話》《隨園食單》《小倉山房文集》皆爲清代文學史上之重要文獻。袁枚的文學成就，不僅在於其獨特的詩風，更在於其對清代文壇性靈派的引領。

袁樹，生卒年不詳，袁枚之弟，字香亭，曾任知府，亦有文名。與袁枚志趣相投，常相互切磋硯臺銘刻，兄弟二人情誼深厚。袁樹性格謙和，文章清雅，書法瀟灑自如，雖不及袁枚名重於世，然在當時文士圈内頗具聲望。其銘文作品簡潔精煉，富含深意，風格與袁枚一脉相承，表現出其家學淵源與文人雅趣。

三十八厘米 × 十七點七厘米 × 三點一厘米

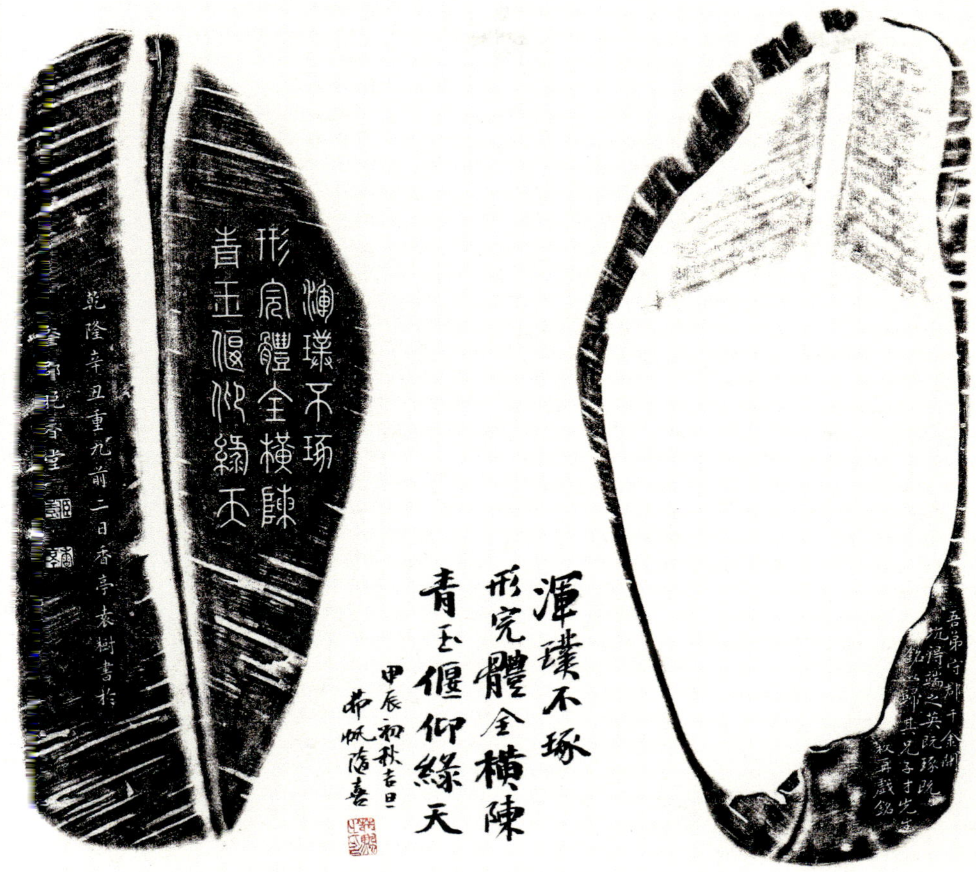
渾璞不琢
形完體全橫陳
青玉偃仰綠天
乾隆辛丑重九前二日香亭袁樹書於
渾璞不琢
形完體全橫陳
青玉偃仰綠天
甲辰初秋吉日

清　銅井文房製秦漢永受嘉福瓦當硯

藏家簡介:

莫棠（一八六五—一九二九），字楚生，號初僧，貴州獨山人，清末民初著名學者與藏書家。其家世書香，父莫祥芝与兄长莫友芝皆爲藏書大家，尤以莫友芝之“影山草堂”聞名於世。莫棠繼承家學，少年時飽讀詩書，尤精於文史金石之學。後官廣東韶州等地，以清廉著稱。

莫棠嗜書如命，築藏書樓於光福銅井山，名曰“銅井文房”，收藏書籍浩瀚，廣集碑刻、金石拓片，尤以珍稀古籍聞名。文房不僅爲其私人書樓，亦爲學術交流之所，時有文士高朋集於此，切磋學問，故銅井文房成爲一時文化勝地。莫棠一生致力於古籍整理與學術研究，曾校勘并出版多種文獻，涵蓋詩文、歷史、哲學等領域，廣爲學者稱道。其對金石碑刻之研究，尤爲精深，所藏文物、拓片，成爲後世研究金石學的重要資料。

後人稱其爲“文房巨擘”，既因其廣收博藏，亦因其文化保護與傳播之功。莫棠所宣導之學術精神延續至今，銅井文房亦成爲江南文化史上不可忽視之符號。

原配紅木刻文字匣

十七點九厘米 × 十三點五厘米 × 三點六厘米

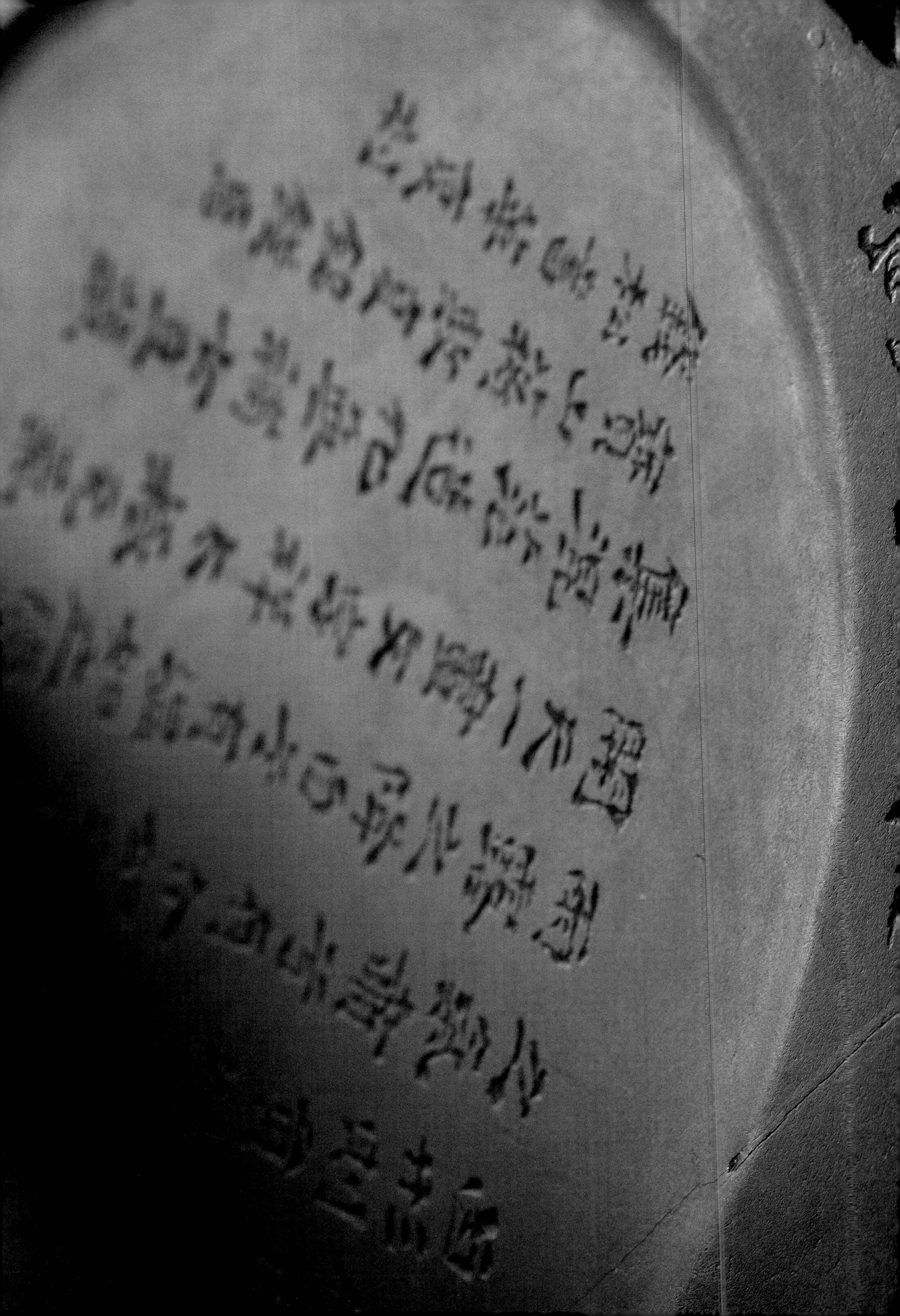

清　錢松銘華復刻月形端硯

此硯爲清咸豐年間之佳作，以端溪名石水歸洞爲材，硯體呈月形，象徵圓滿與吉祥。石質温潤，色澤青緑。硯背鐫有銘文，爲蔣敦復所撰，錢松書寫，華復雕刻，三人合作，成就了這方文房藝術佳品。硯臺雕工精緻，綫條流暢，文辭與工藝珠聯璧合，堪稱珍品。

硯銘："是硯也，材産於岩洞之西，形則圓以爲規穚。秋顥之氣肅兮，有介如之質焉；惟雨露之降自兮，有温如之德焉。"此銘以詩意之辭描繪硯石出自岩洞的天然形態，稱贊其質地之沉穩與細膩，寓意自然造化與文人精神的契合。銘文最後一句"開天一畫文字祥，太極元氣集混茫，造化無補汝且藏"，則將天地元氣與硯臺的象徵意義結合，表達對硯石天然質感的敬意，正是蔣敦復一貫的清雅筆風。銘文中所言"有介如之質焉"與"有温如之德焉"，一剛一柔，充分展現了硯石的堅韌與温潤之美，也恰如文人以硯抒懷，既需堅韌不拔，又存温和寬厚。此種表達，既是對硯臺材質的贊頌，亦是文人品格的映照。

銘者簡介：

錢松（一八一八—一八六〇），字叔蓋，號耐青，晚號西郭外史，浙江錢塘人。工書擅畫，尤以篆刻馳名，初學浙派，精研漢印，刀法雄渾，風格蒼勁質樸，爲"西泠八家"之一。其作品如《古泉叟印譜》《耐青印存》等，皆爲後世所傳承珍藏。

蔣敦復（一八〇八—一八六七），字純甫，號劍人，江蘇寶山（今屬上海）人。清代詞人、文學家，"清詞後七家"之一。其文風清雅高遠，銘文簡而雋永，詩詞富有文人雅趣。蔣常爲錢松題銘，二人過從甚密，銘文風格相輔相成，融文辭之美與書法刀刻之妙於一體，極具藝術感染力。

刻者簡介：

華復（一八二一—一八六一），錢松弟子，浙江錢塘人。承錢松之技藝，刀法精細中見蒼勁，作品多似其師，人莫能辨。華復以雕刻聞名，刀工細膩，常爲錢松篆刻作品添彩，師徒二人之作流傳甚廣，精妙入微。

十二點四厘米 × 十二點四厘米 × 一點五厘米

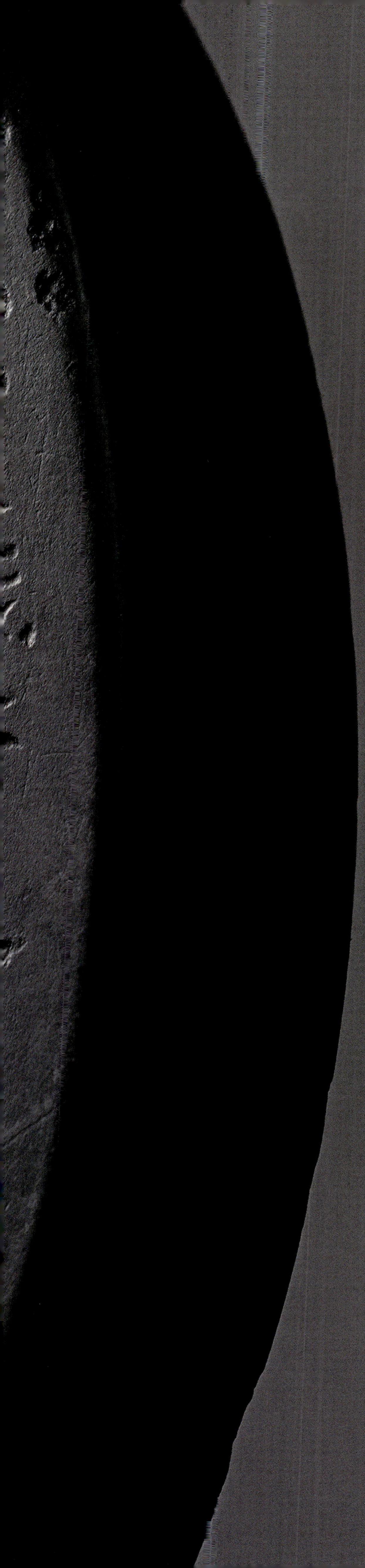

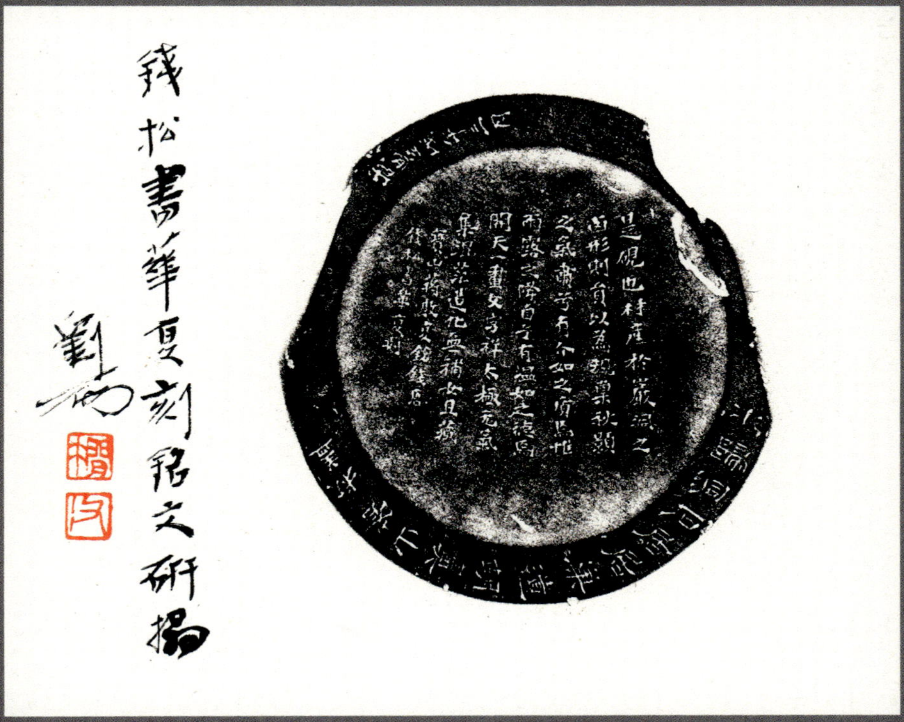

張廷濟手款所刊硯真搨
劉一聞
天潛閣藏研
天潛閣所藏佳品

清　張廷濟、楊澥銘水岩端硯

硯銘：“羚羊峽中割腦髓，水岩下坑品最美。初日夫究絢朝露，東坡詩言馬肝紫。隃麋着石黑雲翻，熱釜塗蠟泡堪比。永寶用之勝良田，羨君三冬足文史。默齋先生索書。道光二十六年丙午春日，叔未張廷濟。”

硯側銘文：“清艷，龍石署。”鈐印：“龍石”。

硯側銘文：“天潛閣藏研。”

銘者簡介：

張廷濟（一七六八——一八四八），原名汝林，字順安，又字未亭、竹田、作田、説舟，號叔未，晚號眉壽老人，浙江嘉興人。嘉慶三年（一七九八）解元，後屢試不中，遂歸隱結廬，專心研習書法與金石之學。四體皆擅，初學鍾繇、王羲之，後得米芾、顏真卿、歐陽詢之神韵，筆力蒼勁，清新古雅。道光年間，張廷濟與阮元交好，二人以古器物考證互爲推重，傳爲盛事。張廷濟爲文學、書法、金石之集大成者，其著作涵蓋文學、金石考證與書法，尤以《清儀閣古器物釋文》《清儀閣印譜》爲後世學者所珍。

楊澥（一七八一——一八五〇），字竹唐，號龍石、聾石、野航子，松陵（今江蘇吴江）人，後移居蘇州，以鬻藝爲生。楊澥多才多藝，精於詩文、金石考據，尤擅書法與雕刻。其篆書得《天發神讖碑》之遺意，刀法深圓，纖微畢現。擅長雕刻硯銘、石碑及竹刻，造詣極深。篆刻宗秦漢，旁及浙派，工於融合古今印風，名動吴門印林。道光年間，曾爲林則徐製“林則徐印”“河東節帥江左中丞”印，刀法古雅，深受林氏贊賞。

原配紅木匣

十五點八厘米 × 九點七厘米 × 二點六厘米

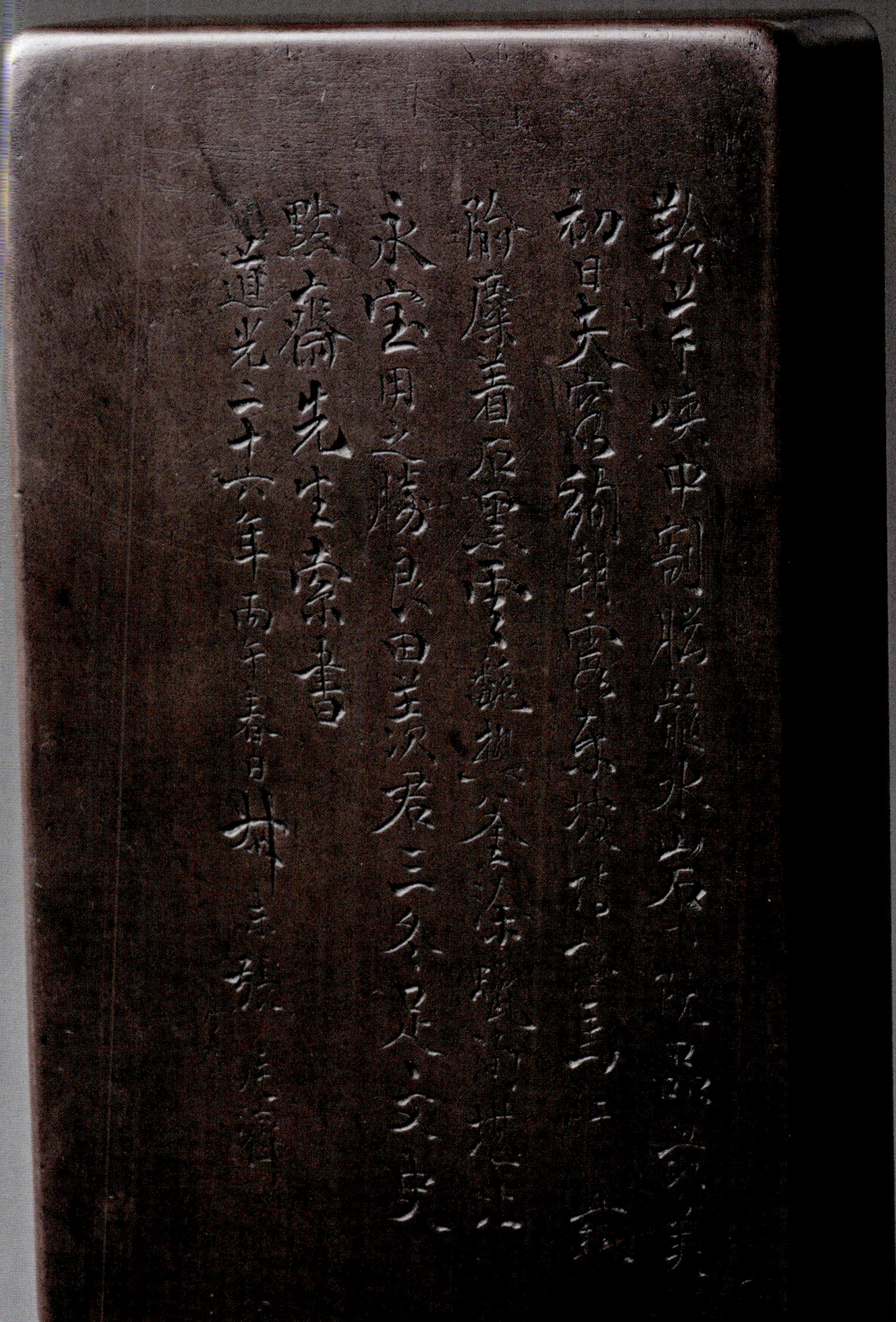

清　沉香盒葫蘆硯

原配沉香葫蘆盒

五點四厘米 × 三點九厘米 × 一點四厘米

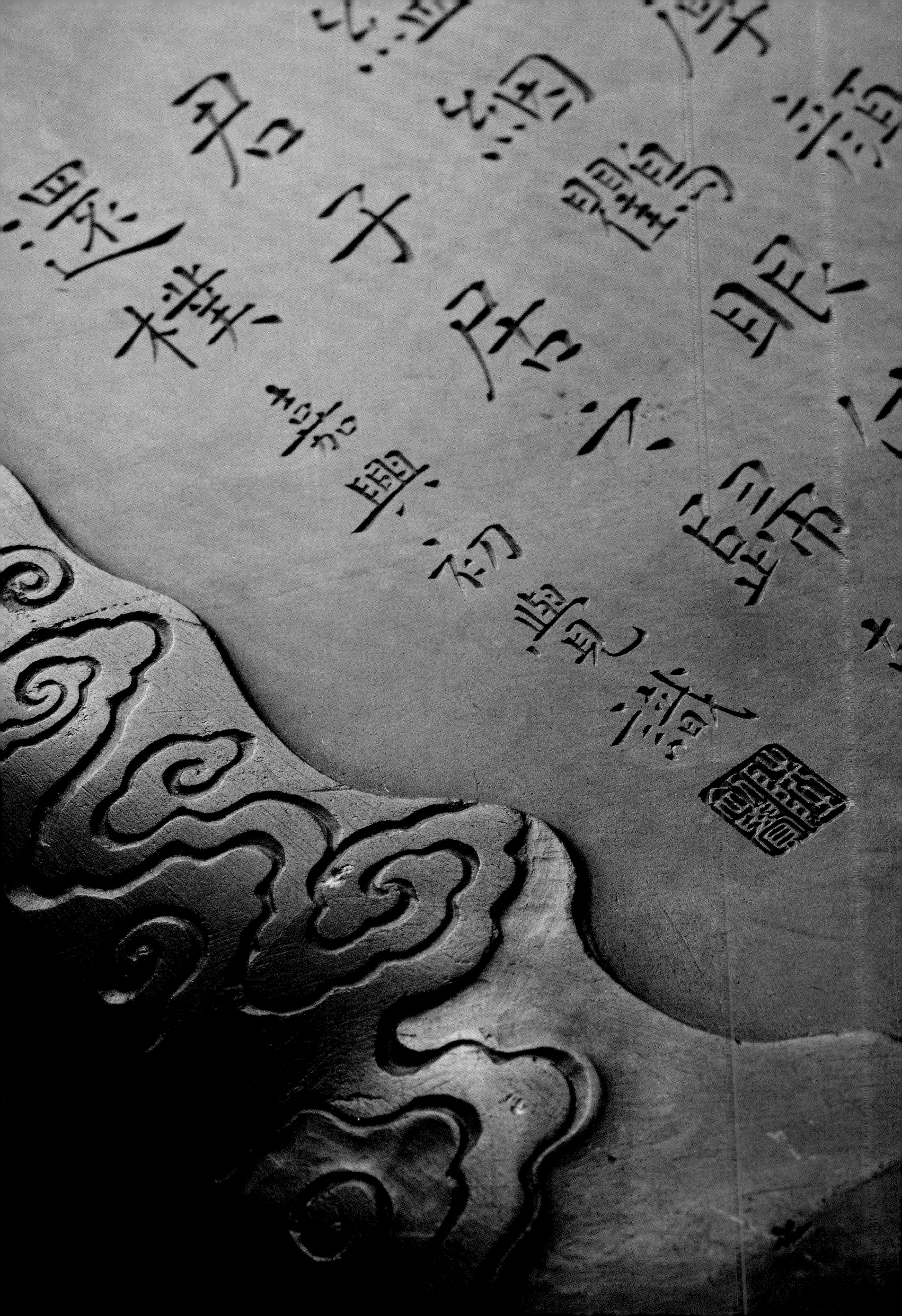

還樸
嘉興初覺藏

清　陸志棠銘鸜眼雲蝠紋端硯

此端硯爲端溪老坑石所製，質地温潤，紋理細膩，顯古樸之氣。硯上天然生成的鸜眼斑點遍布其間，猶如繁星，散發出一股隱隱的靈氣。銘文爲嘉興文士陸志棠所題，曰：“質厚顏温，紫氣絪緼，鸜眼布列，君子居之，歸真返樸。”寥寥數語，已盡顯硯之神采。“君子居之，歸真返樸”一語，寄托了陸志棠的追求。

銘者簡介：

陸志棠（一八九〇——一九四五），名志棠，號初覺，浙江嘉興人。辛亥革命後參加江浙聯軍，抗日戰爭時期任嘉興抗敵後援會主任。一九四五年六月八日，陸初覺因積勞成疾病逝於淳安。是年冬，其靈柩自淳安運回嘉興。次年春，嘉興各界人士舉行追悼大會，爲其造墓於南湖側普明寺邊，并將其故居所在的下塘街命名爲“初覺路”（今人民路），以志紀念。

原配黄花梨匣

二十二厘米 × 十五點八厘米 × 二點五厘米

現代　欒秀鎬鐫毛澤東詩詞水岩端石留耕井田硯

硯盒天蓋面銘文："暮色蒼茫看勁松，亂雲飛渡仍從容。天生一個仙人洞，無限風光在險峰。一九六一年九月九日，毛澤東。"

硯盒天蓋背面銘文："壬寅冬十一月廿四日於滬上。雲樂十月刻詩，鎬。"

原配紅木刻毛澤東詩詞天地盒

六點七厘米 × 六點六厘米 × 二點一厘米

漢　長方形板片石硯

十四點二厘米 × 三點八厘米 × 零點九厘米

漢　楚石嵌銅龜形硯

十一點五厘米 × 十一厘米 × 五厘米

東漢　灰陶三足形象硯

十八點八厘米 × 十六厘米 × 八點五厘米

晉　三足圓陶硯

十七點七厘米 × 十七點七厘米 × 三點五厘米

唐　風字箕形陶硯

十二點五厘米 × 九厘米 × 四點四厘米

唐—宋　崞硯齋蓮花紋琉璃瓦當硯

三十四厘米 × 二十厘米 × 五點五厘米

唐　蓮瓣形陶硯

十五厘米 × 九點六厘米 × 三點七厘米

唐　箕形直眉銀暈歙硯

十六點七厘米 × 十二點三厘米 × 二點七厘米

唐　吉羊箕形歙硯

八點五厘米 × 七點二厘米 × 二點八厘米

唐　箕形雲母飄砂陶硯

十五點五厘米 × 十一點四厘米 × 三點四厘米

宋　馬蹄形厢式歙硯

十厘米 × 十厘米 × 三厘米

宋　抄手直眉歙硯

十一厘米 × 六點八厘米 × 三點二厘米

宋　長方形抄手歙硯

十九點一厘米 × 六點九厘米 × 四厘米

宋　履樣紅絲硯

二十點八厘米 × 十三點六厘米 × 四厘米

宋　長方形厢式兩用蝦頭紅澄泥硯

十三點九厘米 × 七點五厘米 × 三點一厘米

宋　歙石雙足履形池硯

十六點四厘米 × 九點四厘米 × 二點七厘米

宋　歙石眉紋太史硯

二十一厘米 × 十二點二厘米 × 九點五厘米

宋　澄泥虎符硯

十四厘米 × 九厘米 × 三點九厘米

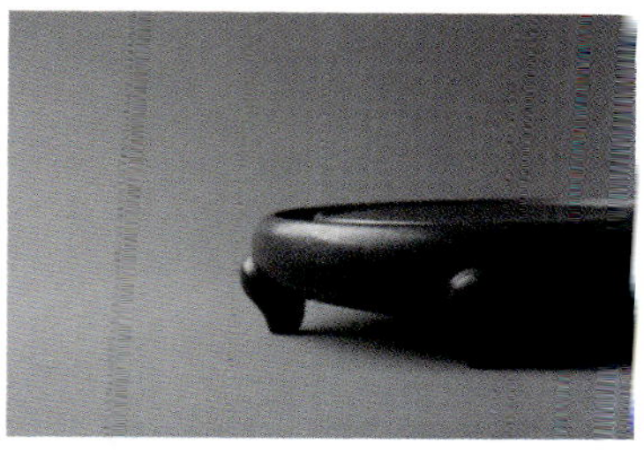

宋一元　三足環渠棗心對眉歙硯

二十點五厘米 × 二十點五厘米 × 五點五厘米

宋　歙州魚籽紋武陵桃源硯

三十點五厘米 × 十九厘米 × 五點五厘米

宋　越州窑瓷硯

十四點二厘米 × 十四點二厘米 × 五厘米

宋　米芾銘太史端硯

二十一點五厘米 × 十二點二厘米 × 五點五厘米

宋　老坑抄手端硯

二十四厘米 × 十六點四厘米 × 四點五厘米

宋　耕心居士銘抄手端硯

十六點二厘米 × 九點八厘米 × 四點一厘米

宋一元　帶眼嬰戲嵌入厢式端硯

八點一厘米 × 四點五厘米 × 二點九厘米

元　雙蛙山子石硯

十六厘米 × 十一點五厘米 × 七點一厘米

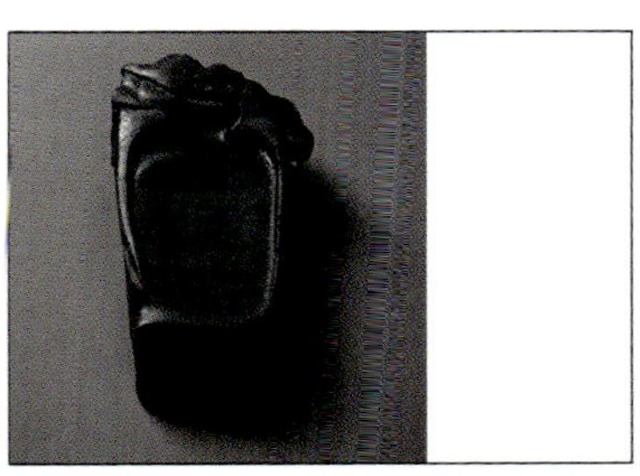

元一明　魚化龍眉紋歙硯

二十三厘米 × 十三厘米 × 五點二厘米

元　喜上眉梢石硯

十八厘米 × 十八厘米 × 四點八厘米

明　蟬形眉紋歙硯

二十二點五厘米 × 十四點二厘米 × 四點八厘米

明一清　井田白端雙面硯

十點五厘米 × 十點五厘米 × 二點八厘米

明　人物故事圖水岩端硯

十九點四厘米 × 十二點三厘米 × 五點一厘米

明　蟹趣圖菊花石硯

三十七厘米 × 二十七點五厘米 × 六點三厘米

明　葉形紅絲硯

十九點二厘米 × 十三點四厘米 × 二點五厘米

明　環渠蝦頭紅澄泥硯

十六點五厘米 × 十二點二厘米 × 二點三厘米

明　魚化龍雲紋端硯

十點五厘米 × 七點七厘米 × 二厘米

明　鐵萬字紋暖硯

十三點四厘米 × 八點二厘米 × 五點四厘米

明　鴝鵒眼雲紋端硯

十五厘米 × 十四點五厘米 × 四點二厘米

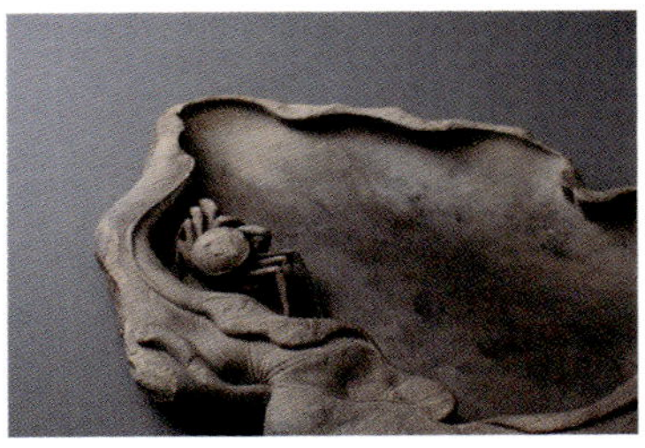

明　一甲傳臚騰村石硯

四十一點二厘米 × 二十六厘米 × 三點二厘米

明　王潤銘“石田”腰圓淌池端硯

三十一厘米 × 二十三點五厘米 × 四點二厘米

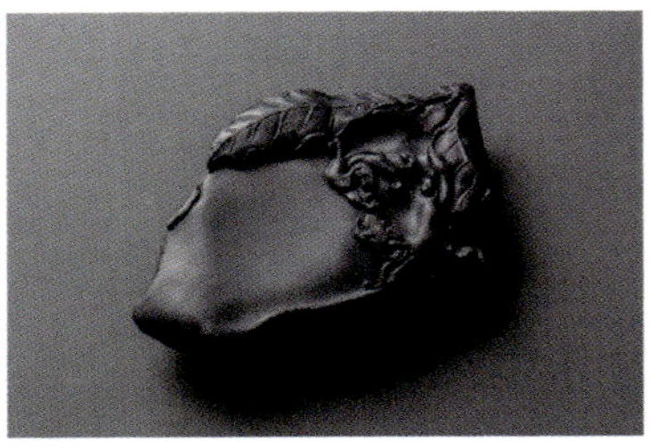

明　秋葉螭龍紋端硯

二十三點六厘米 × 十六點二厘米 × 四厘米

明　洮河蘭亭硯

二十九點五厘米 × 二十三點三厘米 × 八點六厘米

明　董其昌銘抄手端硯

十八厘米 × 十一點一厘米 × 四點四厘米

明　高眼板式端硯

十九點七厘米 × 十二點四厘米 × 六點四厘米

明　端溪海天初月硯

二十五厘米 × 二十一點五厘米 × 三厘米

明　展華藏子石端硯

二十一厘米 × 十四點八厘米 × 五點五厘米

明　漢大吉磚刻銘文抄手硯

十二點四厘米 × 七點四厘米 × 五點八厘米

明　喜蛛竹節形行囊端硯

七點四厘米 × 四點四厘米 × 一點四厘米

明　大吉羊漢磚硯

十七厘米 × 十六點四厘米 × 五點三厘米

明　梅花紋銀暈歙硯

十二點七厘米 × 十點三厘米 × 一點五厘米

明　帶眼雲龍紋端硯

二十二厘米 × 十五厘米 × 四厘米

明　雲紋端硯

十八點八厘米 × 十八點三厘米 × 五點九厘米

清　汪廷璋銘門字老坑端硯

十六點八厘米 × 十一點四厘米 × 一點五厘米

清　陳豫鍾藏犀牛望月淌池端硯

十四點四厘米 × 九點五厘米 × 二點三厘米

清　陸頌堯舊藏漢磚硯

二十四點一厘米 × 十七點二厘米 × 五厘米

清　刻文字隨形洮河石硯

十八厘米 × 十一厘米 × 一點七厘米

清　雲蝠紋端石硯

十七點七厘米 × 十五厘米 × 二點三厘米

清　蒼龍教子大端硯

四十五點七厘米 × 四十三點五厘米 × 六點八厘米

清　顧二娘製飾形硯

十點二厘米 × 九點一厘米 × 一點七厘米

清　顧二娘製林佶銘端石凝脂夔龍紋硯

二十一厘米 × 十六厘米 × 十點五厘米

清　悠閑樹陰下水岩端硯

二十點九厘米 × 十三點八厘米 × 二點三厘米

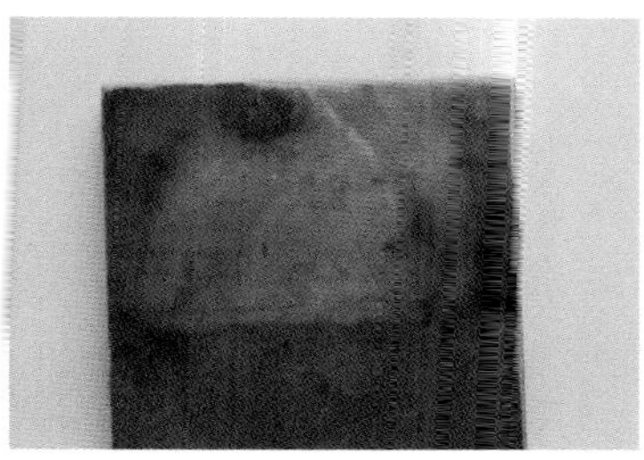

清　端石老坑平板硯

二十四點七厘米 × 十六點五厘米 × 二點六厘米

清　刻文字子石端硯

十九厘米 × 十五厘米 × 六點五厘米

清　喜蛛葉形水岩端硯

二十一點八厘米 × 十四厘米 × 二點三厘米

清　葉形老坑端硯

十五點二厘米 × 十點一厘米 × 一點三厘米

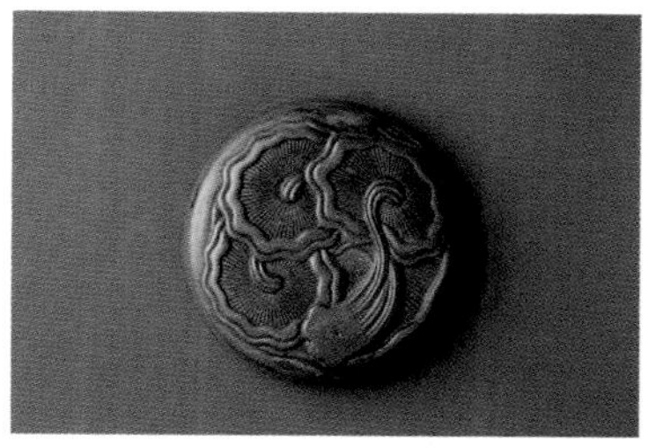

清　石友款菌菇端硯

八點七厘米 × 八點八厘米 × 二厘米

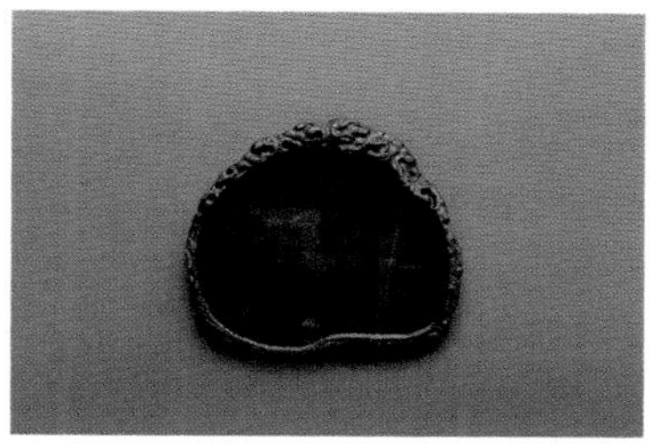

清　隨形老坑黃龍端硯

十四點四厘米 × 十二點四厘米 × 一點五厘米

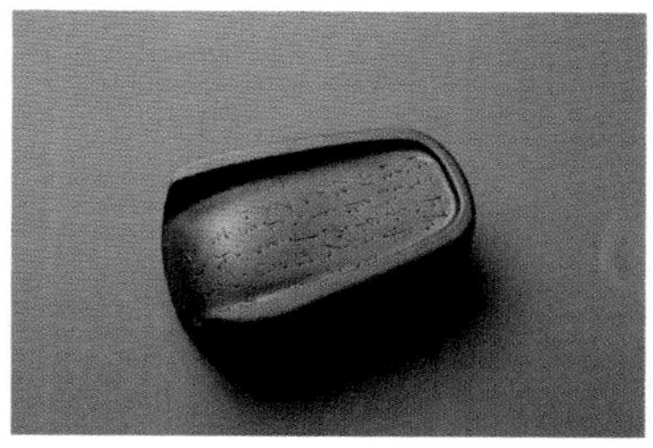

清　趙士鴻銘端硯

十點二厘米 × 六點八厘米 × 二點八厘米

清　橢圓形雕海水仙人大端硯

三十一厘米 × 二十三點三厘米 × 二十四厘米

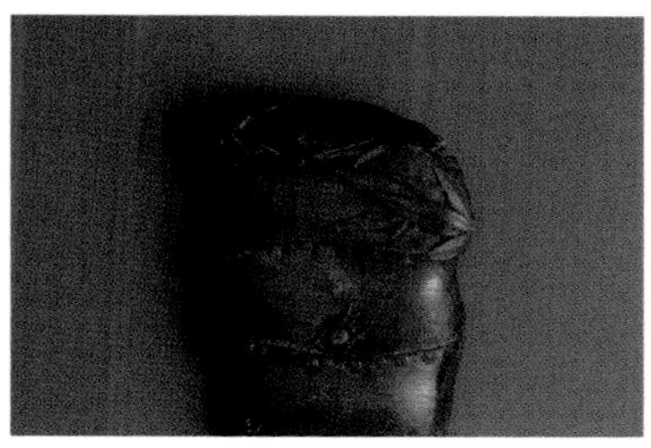

清　帶眼知足常樂端硯

十四厘米 × 七點七厘米 × 一點九厘米

清　西廬老人銘眉紋壽桃硯

八點九厘米 × 八點四厘米 × 一點五厘米

清　河西笛洲藏惲彦琦銘雲紋隨形水歸洞端硯

十四厘米 × 十三厘米 × 二點六厘米

清　緺溪蓮客吟詩之硯

十二點五厘米 × 九點八厘米 × 一點五厘米

清　張昀敬書葉形端硯

二十一點三厘米 × 十四厘米 × 二點二厘米

清　蒔繪小硯箱

十二點五厘米 × 十點七厘米 × 二點五厘米

清　梅花子石端硯

二十九點九厘米 × 二十一厘米 × 四點三厘米

清　雲蝠紋隨形端硯

十八點四厘米 × 十厘米 × 一點五厘米

清　高鳳翰銘靈芝端硯

十厘米 × 八點二厘米 × 一點三厘米

清　雲紋端硯

十二點二厘米 × 七點六厘米 × 一點七厘米

清　花開見佛畫山葉形端硯

十一點四厘米 × 九點六厘米 × 一點五厘米

清　仙人雲蝠紋帶眼端硯

二十四點一厘米 × 十七點五厘米 × 三點八厘米

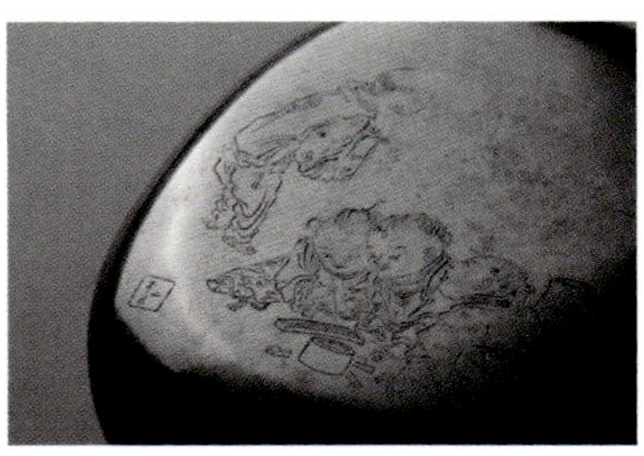

清　春山款嬰戲人物盒瓜瓞綿綿紋端硯

十六厘米 × 十三厘米 × 二厘米

清　盧葵生製邊壽民蘆雁圖漆砂硯

十二點五厘米 × 十一點六厘米 × 三點三厘米

清　朱嘯厓題邀月山館藏湘璧石硯

十二厘米 × 九點九厘米 × 二點七厘米

清　王文治銘蕉葉形綠端硯

二十一點一厘米 × 十三點八厘米 × 一點六厘米

清　施補華銘方圓相容黄龍水岩端硯

二十一點六厘米 × 十九厘米 × 五厘米

清　王文治銘洛神綠端硯

二十二點四厘米 × 二十一點一厘米 × 二點二厘米

清　子俊氏銘端溪朝天岩硯

十四點四厘米 × 十四點四厘米 × 一點六厘米

清　洮河環渠池圓硯

九點五厘米 × 九點五厘米 × 一點七厘米

清　多眼雲龍紋端硯

二十二點四厘米 × 十五厘米 × 四厘米

清　玉堂美器綠釉瓷硯

九厘米 × 九厘米 × 三點四厘米

清　琴形多眼端硯

十九點四厘米 × 十五點五厘米 × 十點三厘米

清　王澍、高斌、陳宏謀銘耕硯主人藏留耕硯

十二點四厘米 × 十點一厘米 × 三點三厘米

清　簫雲銘隨形端硯

十六點二厘米 × 十四點一厘米 × 一點四厘米

清　雲龍紋長方淌池高眼老坑端硯

二十四點四厘米 × 十五點一厘米 × 三點二厘米

清　郭麐、子侯、石泉居士銘平板端硯

二十一點一厘米 × 十四厘米 × 一點六厘米

清　吴養堂銘含珠敘文端硯

十一厘米 × 七點三厘米 × 三點八厘米

清　潤堂氏銘長樂未央瓦形水岩端硯

十七點五厘米 × 十二點五厘米 × 二點二厘米

清　日月池瓦形紫砂硯

二十點七厘米 × 十三點二厘米 × 二點三厘米

清　青田石雙龍戲珠硯

三十四點五厘米 × 二十一厘米 × 六厘米

清　吴隱舊藏盧葵生製嵌百寶梅花漆砂硯

二十厘米 × 二十厘米 × 三點二厘米

清　康熙御銘松花石硯

十五點二厘米 × 十點四厘米 × 一點六厘米

清　袁枚、袁樹銘隨形蕉葉老坑端硯

三十八厘米 × 十七點七厘米 × 三點一厘米

清　銅井文房製秦漢永受嘉福瓦當硯

十七點九厘米 × 十三點五厘米 × 三點六厘米

清　錢松銘華復刻月形端硯

十二點四厘米 × 十二點四厘米 × 一點五厘米

清　張廷濟、楊澥銘水岩端硯

十五點八厘米 × 九點七厘米 × 二點六厘米

清　沉香盒葫蘆硯

五點四厘米 × 三點九厘米 × 一點四厘米

清　陸志棠銘鸜眼雲蝠紋端硯

二十二厘米 × 十五點八厘米 × 二點五厘米

現代　樂秀鎬鐫毛澤東詩詞水岩端石留耕井田硯

六點七厘米 × 六點六厘米 × 二點一厘米

後　記

“硯海心田”——千載硯文化的藝術與情懷

中華硯文化，歷千載而不衰，起自新石器，至清代精工，形制材質雖變，文人情懷未改。硯，非止爲書寫之具，實爲文人寄情之所。本書所選，涵漢、晉、唐、宋、元、明、清諸代硯臺，形態各异，工藝精妙，正可一覽硯文化流變之軌。

米芾“持硯歸”之事，尤爲後世稱道。時徽宗命米書屏，可用御硯。米見硯心喜，書畢即捧硯跪求，稱已染污，不可再奉御用，懇求賜之。徽宗笑允，米喜而抱硯歸去，墨迹滿身，癲狂之態盡顯。此舉，正見文人對硯之深情，而硯臺在其心中，已非凡物，乃精神寄托也。

今展諸硯，漢之質樸、宋之清雅、清之繁工，皆可映文人心境，觀者可由此感硯臺背後之文化積澱，窺歷代文人心志之所寄。米芾“持硯歸”，正是硯臺超越物用，化爲精神之象的最好注脚。硯之於文人，承載著無盡的情懷與雅意，觀者於此中亦可感其深厚文化與千年不息的精神傳承。

圖書在版編目（CIP）數據

硯海心田 : 一生研齋藏硯 / 谷慶春主編. -- 杭州 : 西泠印社出版社, 2024. 10. -- ISBN 978-7-5508-4619-7

Ⅰ. K875.44

中國國家版本館CIP數據核字第2024RP3906號

硯海心田：一生研齋藏硯

谷慶春 主編

責任編輯　伍　佳

特邀編輯　侯　輝

責任出版　馮斌强

責任校對　徐　岫

出版發行　西泠印社出版社

（杭州市西湖文化廣場32號5樓　郵政編碼：310014）

經　　銷　全國新華書店

製　　版　浙江影天印業有限公司

印　　刷　浙江影天印業有限公司

開　　本　787mm×1092mm　1 / 8

印　　張　26.5

書　　號　ISBN 978-7-5508-4619-7

版　　次　2024年10月第1版　2024年10月第1次印刷

定　　價　880.00元

西泠印社出版社發行部聯繫方式：（0571）87243079